LES POLITIQUES AUSSI ONT UNE MÈRE

Bernard Pascuito
Olivier Biscaye

LES POLITIQUES AUSSI ONT UNE MÈRE

Albin Michel

« Avec l'amour d'une mère,
la vie vous fait à l'aube
une promesse qu'elle ne tient jamais. »

Romain Gary, *La Promesse de l'aube*

Introduction

Aimer sa mère comme on respire

> « Je crois avoir aimé ma mère instinctivement, comme tous les enfants. »
>
> Jean-Paul Dubois, *La Succession.*

« C'est à ma mère, c'est à ses bons principes que je dois ma fortune et tout ce que j'ai fait de bien : je n'hésite pas à dire que l'avenir d'un enfant dépend de sa mère. » Napoléon Bonaparte n'a pas toujours été aussi prolixe ni aussi flatteur lorsqu'il évoquait Letizia. Au temps de sa gloire et de ses conquêtes incessantes, il ne louait pas autant sa personnalité. À l'heure de l'adversité seulement, il comprit ce qu'il lui devait. « Ma mère, quel homme ! » s'était-il écrié un jour devant ses généraux, au sortir d'une forte empoignade verbale. Quel destin contrasté ! Mariée à quatorze ans, Letizia Bonaparte s'était engagée aux côtés de son mari, âgé lui-même de dix-huit ans, dans la résistance contre l'annexion de la Corse par la France. Elle allait à cheval, faisait le coup de feu, participait aux combats. Y compris en 1769, lorsque, enceinte de son deuxième enfant, elle partait à l'attaque, une main posée sur son ventre, en hurlant : « il sera le vengeur de la Corse » ! Après la naissance de Napoléon, six enfants devaient suivre, puis, en 1785, Charles Bonaparte mourait brusquement, l'abandonnant à son destin de veuve et de mère. Napoléon n'avait que seize ans. À force de sacrifices, elle protégea sa famille de la faim et de la misère, jusqu'à ce que l'ascension de son aîné, devenu militaire puis général, offre un avenir plus souriant. Elle resta toujours modeste, imperméable aux fastes dont voulait l'entourer son fils.

Avec le temps et les triomphes, elle était devenue Madame Mère, avait reçu un palais, une cour dont les charges étaient remplies par les plus grands noms de l'ancienne monarchie, mais vivait dans l'austérité et la parcimonie, quand l'Empereur distribuait titres et fortunes à ses frères et sœurs : « Qui sait si je ne serai pas un jour obligée de donner du pain à tous ces rois ? » Cette méfiance face à l'avenir mettait Napoléon hors de lui, comme la petite prière souvent répétée : « Pourvou que ça doure… » Il fut dit qu'elle avait eu raison sur tout, et ses petites économies amassées alors aidèrent à nourrir tous ces « rois » devenus des proscrits. Elle avait eu d'autres dissensions avec son fils aîné, qu'elle vénérait comme une mère mais non sans lucidité. Elle s'était vivement opposée à ce qu'il prît le titre d'empereur, n'avait jamais apprécié Marie-Louise, la deuxième épouse de son fils, qu'elle traitait avec le plus grand mépris, s'insurgeait contre le gaspillage d'argent, marmonnant que tout cela finirait mal.

Napoléon lui reprochait surtout sa préférence très marquée, selon lui, pour son frère Lucien, avec lequel l'Empereur entretenait des relations exécrables, au point de l'avoir marginalisé et privé d'un certain nombre de privilèges : « Celui de mes enfants que j'aime le plus, c'est toujours le plus malheureux », répondait cette mère sans concessions. Sans frilosité non plus. Il fallait avoir du courage, en 1820, lorsque, accusée de financer à coups de millions une conspiration bonapartiste, elle répondit : « Je n'ai pas de millions, mais si je possédais les trésors qu'on me suppose, je les emploierais à armer une flotte pour enlever mon fils de Sainte-Hélène, où la plus odieuse déloyauté le retient prisonnier. » Un an plus tard, Napoléon mourait, ayant pris enfin conscience des qualités d'âme de cette mère d'exception.

« J'avais révéré mon père mais j'avais aimé ma mère », écrit Adolf Hitler dans *Mein Kampf.* Il emportait sa photo partout avec lui, jusqu'au bunker dans lequel il devait vivre ses dernières heures. Le portrait de sa mère ornait aussi le mur de sa chambre, que ce soit à Munich, à Berlin ou dans sa résidence alpine, près de Berchtesgaden. Adolf et sa petite sœur Paula vécurent leurs premières années couvés de tendresse par une femme triste et rongée par les chagrins, dont ils étaient la seule joie. Hitler aimait manifester son amour pour Klara. En d'autres occasions, il précisait que son père était violent, alcoolique et coléreux. De quoi charger de tristesse toute la famille qui l'entourait. Père et fils ne se sont jamais entendus, au point que chaque jour Alois Hitler flanquait au moins une dérouillée à Adolf.

Il y avait toujours une raison. On a d'ailleurs du mal à comprendre pourquoi celui-ci vénérait son père... Avec les années, l'hostilité grandit entre les deux, au point que le conflit devint récurrent. Entre autres désaccords, Alois tenait à ce que son fils fasse des études assez solides pour devenir fonctionnaire tandis que le jeune garçon, qui ne rêvait que de devenir artiste et de mener une vie à sa guise, rejetait en bloc l'école et les études. « Artiste, non. Aussi longtemps que je vivrai, jamais[1] ! » Alois Hitler fut exaucé en quelque sorte, puisque sa mort, en 1903, alors qu'Adolf n'avait que quatorze ans, rendait celui-ci libre de réaliser son destin. Il n'y avait plus alors que sa mère pour s'opposer à lui, et ce n'était pas un problème.

Klara Hitler avait eu la douleur de perdre ses trois premiers enfants et le cinquième. Adolf était le quatrième et son statut de rescapé lui valait les plus grandes indulgences. C'était une « femme simple, modeste et pleine de bonté », selon son médecin juif, Eduard Bloch[2], lequel insistait sur l'amour démesuré qu'Hitler portait à sa mère : « S'il n'était pas le “fifils” à sa maman au sens habituel du terme, je n'ai jamais vu d'attachement plus grand[3]. » Klara Hitler est de toute évidence la seule personne qu'Adolf ait réellement aimée.

Après la mort du père, Klara fait son possible pour convaincre son fils, désormais l'homme de la

---

1. Bradley Smith, *Adolf Hitler : His Family, Childhood, and Youth*, Stanford, Hoover Institution Press, 1967.

2. Eduard Bloch, « My Patient, Hitler », *Collier's*, 15 mars 1941.

3. *Ibid.*

famille, de suivre le chemin prôné par le disparu. Pas question. Il n'y aura pas de conflit mais l'adolescent ne cède pas. Après la fin de sa scolarité, en 1905, il se vautre dans une vie d'oisif et de parasite, la plupart du temps aux crochets de Klara, dans le nouvel appartement de la famille, à Linz. Entouré de femmes, sa mère, sa sœur et sa tante, il vit comme un coq en pâte, on lui fait la cuisine, la lessive, le ménage, il a tout le temps pour rêver, dessiner, écrire des poèmes, peindre et se projeter dans un avenir de grand artiste. Les jours s'écoulent ainsi, les plus beaux de sa vie, dira-t-il plus tard, et les soirées sont consacrées à l'opéra ou au théâtre, avant de se terminer tard dans la nuit dans des cabarets où il aime à refaire le monde.

Au printemps 1906, il convainc Klara de financer un premier voyage culturel à Vienne. Il en revient épaté et obsédé par l'idée d'y retourner très vite. C'est là-bas que tout se passe… Qu'y a-t-il fait, si ce n'est visiter des musées tel un touriste enchanté ? Peu importe, il obtient de sa mère qu'elle finance un nouveau séjour, cette fois sous le prétexte d'entrer à l'Académie des beaux-arts… Il vient de fêter ses dix-huit ans, ne fait plus d'études, n'a jamais gagné un sou, et son projet, c'est de continuer. Il sait que sa mère le soutiendra toujours. Hélas pour lui, toujours ne durera pas longtemps. Victime d'un cancer du sein, opérée en janvier 1907, Klara ne va pas tarder à mourir. Quand le docteur Bloch lui dit qu'il n'y a plus d'espoir, Adolf se met à pleurer. Il ne quitte plus beaucoup sa mère, essayant de calmer ses souffrances, veillant sur elle jour et nuit.

Malgré tout, il poursuit son projet d'aller à Vienne et y part début septembre pour passer l'examen d'entrée à l'Académie des beaux-arts. L'échec est cinglant. Il a à peine le temps de se lamenter qu'il doit retourner fin octobre à Linz où Klara se meurt. Le docteur Bloch, dont Hitler ne cessa de louer les efforts pour guérir sa mère, témoigna bien plus tard : « Jamais je n'ai vu quiconque aussi terrassé par le chagrin. »

On peut être une mère distante et peu affectueuse mais être aimée tendrement par son fils. Jennie avait vingt ans au moment de la naissance de Winston Churchill, huit mois après le mariage de ses parents. Devenue lady Randolph Churchill par son mariage en 1874, elle n'a joué qu'un rôle très limité dans l'éducation de ses deux fils. C'était la coutume de l'époque, les nurses assuraient l'essentiel des relations avec les enfants. En pension, Winston écrivait régulièrement à sa mère, lui demandant très souvent de venir le voir, ce qu'elle fit rarement. Il n'en garda aucune rancune.

Depuis l'enfance, il s'obstinait à vouer un amour illimité à cette femme très belle, séduisante, qui régnait sur la haute société britannique et la classe politique grâce à son intelligence, ses mots d'esprit et ses éclats de rire. Mais en laquelle il voyait avant tout une mère. Son frère, John, ne faisait pas preuve de tant de bienveillance. Il souffrait du détachement de lady Randolph. Quand son fils aîné commença une carrière politique, elle se rapprocha de lui, et commença à servir ses intérêts et son ascension, plus comme un mentor que comme une mère. Elle était là à son affaire, ayant déjà œuvré aux destinées de son mari, que par ailleurs elle trompait régulièrement. Tirer les ficelles, faire jouer ses influences, c'était son plaisir, plus que d'être une mère attentionnée ou une épouse fidèle. D'ailleurs, Winston reconnaissait qu'ils avaient des rapports de frère et sœur plutôt que de mère et fils.

« Ce qui m'a réconforté depuis le 18 juin 1940, c'est la conviction que maman aurait été toujours, et en tout, avec moi[1]. » De la même manière que Charles de Gaulle s'était fait une certaine idée de la France, Jeanne de Gaulle se sera fait tout au long de sa vie une certaine idée de son fils. Et de son destin. Quelques jours avant sa mort, en juillet 1940, à quatre-vingts ans, elle avait pu entendre un appel lancé le 18 juin, à la BBC... « C'est mon fils, il a fait ce qu'il devait faire », devait-elle s'écrier dès la première phrase prononcée par le général inconnu. Trois jours plus tôt, Charles de Gaulle, en partance pour Londres et la Résistance, était venu embrasser sa mère. Une dernière fois. Elle était déjà très malade et il était certain de ne plus la revoir. C'est de Jeanne, plus que de son père, que le jeune homme avait hérité l'amour de la France. Parmi ses enfants, Jeanne avait donné sa préférence à Charles, même si elle n'a jamais osé l'avouer. C'est avec lui qu'elle correspondait le plus souvent, évoquant parfois, entre deux commentaires sur la politique internationale

1. Confidence de Charles de Gaulle à sa sœur, Marie-Agnès Cailliau.

ou l'état de la France, la conviction que son fils se poserait un jour en sauveur de la France. À la veille de sa mort, Jeanne entend une dernière fois Charles s'exprimer à la BBC. « Elle pleurait de fierté », racontera sa petite-fille, Geneviève de Gaulle[1]. Celui-ci n'a jamais caché s'être nourri, durant ses jeunes années, de l'amour de sa mère et d'avoir puisé sa volonté dans son regard.

Il n'y a sans doute pas de mère idéale, à moins qu'elles ne le soient toutes. Dans le regard de leur enfant. Les quelques exemples posés ci-dessus montrent à quel point ce n'est pas l'amour donné et donc reçu qui compte le plus dans la formation d'un individu mais ce que chacun en fait. Napoléon Ier s'est beaucoup heurté à sa mère, comme à tous ceux qui s'opposaient à lui, sans jamais comprendre qu'elle était son modèle, avant d'en découvrir les vertus à l'heure des désillusions. Churchill n'a pas reçu beaucoup de tendresse de sa mère mais il s'est construit dans l'amour et la fascination qu'il lui portait et a réussi une belle vie d'homme. Hitler fut choyé par une mère affaiblie par ses sentiments et qui voulait compenser la dureté du père. Elle lui a tout donné, jusqu'à son dernier souffle, et il l'a aimée sans aucun doute. On sait ce qu'il a fait par la suite de tout cet amour partagé. Charles de Gaulle ne rêvait que de grandeur. Il avait de qui tenir. « Visionnaire », sa mère voyait en lui le futur

1. Frédérique Neau-Dufour, *Geneviève de Gaulle-Anthonioz*, Éditions du Cerf, 2004.

sauveur de la France. Il n'aura rien fait pour la décevoir.

Margaret Thatcher était la fille d'un épicier et d'une couturière qui ne l'ont jamais poussée à quoi que ce soit. Elle est devenue chimiste puis avocate avant d'être élue Premier ministre du Royaume-Uni, qu'elle gouverna pendant onze ans. Anoblie par la reine, elle était devenue la baronne Thatcher.

Il faut donc se garder de tirer trop de leçons d'exemples qui se contredisent parfois. Napoléon et de Gaulle ont des points communs certes, mais pas tant que ça. Non seulement la mère de l'Empereur n'a jamais rêvé d'un destin fabuleux pour son fils mais, résistante enragée, elle espérait que l'enfant qui grandissait dans son ventre serait un jour le vengeur de la Corse contre l'envahisseur français ! On fut loin du compte. D'autres qu'Hitler ont eu un père brutal et une mère consolatrice, remplie de faiblesses, sans organiser plus tard la plus grande tuerie de toute l'histoire de l'humanité. Quant à Winston Churchill, il constitue sans doute une exception. La force qu'il tient de sa mère, l'ambition qu'elle est censée lui communiquer, il va lui-même les puiser au fond de son propre cœur.

Nous n'avons pas choisi au hasard ces personnages historiques, imaginant que leurs profils étaient plus ou moins à l'opposé des idées reçues dans ce domaine. « Tel père, tel fils », veut le dicton. Il est clair que l'on devrait plutôt dire telle mère tel fils. Si cette influence de la mère sur l'enfant est sensible chez les personnages du passé (Napoléon, Churchill, de Gaulle), elle est tout aussi déterminante chez nos contemporains. Deux exemples pas trop lointains, d'abord, celui de deux anciens présidents de la République, François Mitterrand et Jacques Chirac.

François Mitterrand a perdu sa mère, Yvonne, à vingt ans. C'était en 1936, Yvonne n'aura donc rien connu ni même imaginé du destin fabuleux de ce fils qui était le cinquième de ses enfants. Morte jeune, elle a su insuffler à François non pas la conviction d'avoir un destin national mais l'amour de la culture, et d'abord des livres et de la lecture. Intelligente, curieuse de tout ce qui concernait chacun de ses enfants, elle montrait pour tout une compréhension et une indulgence remarquables. Avec son fils, elle trouvera un partenaire idéal pour partager sa passion des livres. Loin des rêves de grandeur nationale ou d'une attirance quelconque pour le domaine de la politique, Yvonne continuera d'accompagner son fils, longtemps après sa mort, avec le souvenir de sa foi immense et de cette passion totale pour les mots et l'écrit. Ce sera son héritage, celui qu'il cultivera jusqu'au dernier jour de sa vie.

Jacques Chirac est un enfant unique qui avait eu, quelque dix ans avant sa naissance, une sœur morte en bas âge. Voilà qui explique l'éducation surprotégée que lui a donnée Marie-Louise. À l'inverse, sec, autoritaire, grave et le plus souvent fermé, son père ne cherchera jamais à créer un vrai lien avec son fils. Il semble ne pas l'estimer et laisse le terrain de l'affection à Marie-Louise qui s'en empare, parfois avec excès. « J'adorais ma mère autant qu'elle m'adorait », écrit-il dans ses Mémoires. Au point de ne pas attendre d'encouragements de sa part : il savait qu'à tout moment de sa vie, elle était près de lui.

Deux autres exemples, encore plus près de nous, concernent François Hollande et Alain Juppé. Ils auraient pu trouver leur place dans ce livre. Il aurait fallu pour cela que nous rencontrions Alain Juppé, et il ne l'a pas souhaité. C'est un choix que nous respectons. Quant à François Hollande, la matière est dense, elle est si dense que le message s'en trouve brouillé. On n'ignore plus rien de lui, même ce que l'on n'a pas envie de savoir. Rappeler brièvement son histoire familiale nous a tout de même paru important. François Hollande a grandi entre un père médecin, foncièrement de droite, une droite très à droite, et une mère assistante sociale, qui s'est toujours située à gauche. Georges Hollande est un nostalgique de l'Algérie française qu'il n'a d'ailleurs pas connue et tente vainement d'y intéresser son fils, lequel préfère lire *France Football* et vibrer aux exploits des Diables rouges du club local, le FC Rouen. Le père est grave, fermé, avare de dialogue. L'atmosphère est pesante, toujours. Lorsqu'il n'est pas là, la maison résonne brusquement des rires de Nicole, de sa joie de vivre qu'elle communique à ses enfants. Elle les aime, les gâte, leur prépare des petits plats, et vote pour François Mitterrand à chaque élection à partir de 1974, ce qui met Georges hors de lui. Sur la fin de sa vie, alors que le couple est parti en retraite à Cannes, elle s'inscrit sur une liste PS à une élection locale. Lors de son enterrement, François et Georges se comportent mutuellement comme des étrangers. Morte avant l'élection de son fils, elle ne l'a pas vu entrer à l'Élysée mais il ne cache pas qu'elle a guidé ses pas depuis l'enfance et qu'il a suivi le chemin qu'elle lui avait indiqué. En campagne pour l'élection présidentielle de 2012, le candidat Hollande, avec le sens de l'humour qui l'accompagne partout, et même quand il ne faudrait pas, avait tenu à réunir Georges et Nicole en un hommage ambigu : « Je remercie mes parents. Mon père parce qu'il avait des idées contraires aux miennes et qu'il m'a aidé à affirmer mes convictions. Ma mère parce qu'elle avait l'âme généreuse et qu'elle m'a transmis ce qu'il est de plus beau : l'ambition d'être utile. »

Autre forme de matriarcat, moins douce et moins feutrée, chez celui qui, après bien des ambitions déçues, reste aujourd'hui le maire de Bordeaux. Si, selon Jacques Chirac, Alain Juppé était « le meilleur d'entre nous », selon sa mère, il était sans aucun doute le meilleur d'entre tous. « Elle avait décidé une fois pour toutes que mes dons me faisaient l'obligation d'occuper la première place », confie-t-il avec cette carence d'humilité qu'il doit tenir, justement, de sa chère maman. L'adoration de Marie n'est surtout pas béate. Puisqu'elle a conçu un être supérieur, autant qu'il ne se montre pas ingrat et exploite ses dons… Parfois, elle terrorise l'enfant et le jeune homme est prompt à se cacher dès qu'il a un mauvais résultat. Mauvais résultat signifiant, en l'occurrence, une deuxième voire une troisième place. La honte. Lors, convaincu d'être un surdoué, parce qu'une mère, ça ne ment pas, Juppé fonce vers des diplômes dont il se gave avec une voracité qui doit plus à la boulimie qu'à la gourmandise. Il ne semble pas qu'il y ait beaucoup de joie là-dedans, plutôt du devoir. Le bac à dix-sept ans, un premier prix au Concours général de grec et latin, l'École normale supérieure, l'agrégation de lettres classiques, Sciences-Po, l'ENA... Il n'aura échoué que dans le domaine de la politique, et encore, pas tout à fait. Premier ministre en 1995 mais renvoyé en 1997, exilé au Canada après ses déboires judiciaires et sa condamnation en 2004 dans l'affaire des emplois fictifs de la mairie de Paris, il termine sa carrière sur une gifle au deuxième tour de la primaire de la droite et du centre dont il était depuis un an « l'irrésistible favori ».

Dans le rapport mère-enfant, on découvre vite tout ce qui manque souvent dans le rapport père-fils. La compréhension, l'indulgence, l'ouverture d'esprit, voire la tendresse et le sens du pardon. Autant de qualités que possèdent instinctivement les mères dès qu'il s'agit de leurs enfants et dont semblent démunis la plupart des pères. Ce qui manque à beaucoup d'hommes, c'est de saisir l'inclination secrète de leur enfant et surtout de s'en accommoder sans chercher à forcer sa vocation. Trop de pères ambitionnent que leur enfant suive la voie tracée. À force d'entendre depuis très longtemps que le fils est le prolongement du père, la plupart ont fini par s'en persuader. Ils veulent que celui-ci épouse leurs désirs. Les mères rêvent plus simplement du destin qui conviendra le mieux à la personnalité qu'elles ont décelée chez leur fils ou leur fille.

Pour les femmes (Marine Le Pen, Aurélie Filippetti), la logique est forcément différente. L'une et l'autre se sont construites dans le regard d'un père imposant, voire encombrant, qu'elles admiraient et dont elles ont voulu suivre les traces. Qu'elles n'ont jamais voulu égaler et encore moins dépasser. Pas de rivalité ni d'envie de tuer le père. Elles sont allées vers lui, sans efforts. À sa manière pour Aurélie Filippetti, en lui prenant sa place pour ce qui concerne Marine Le Pen. Dans un cas comme dans l'autre, la mère n'a joué qu'un rôle subalterne, tant la place prise par le père était immense. Plus tard, et là aussi dans des circonstances différentes, elle a trouvé son rang. Si l'on voulait classer chaque mère dans une catégorie, Odette, maman d'Aurélie Filippetti, et Pierrette, maman de Marine Le Pen, rejoindraient tout de suite la case « mère bienveillante ». Elles sont aussi bien d'autres choses mais c'est ce qui frappe d'abord, quand on passe de longs moments avec elles.

Il existe d'autres modèles : la mère amoureuse, la mère abusive, la mère juive – trois modèles qui pourraient n'en faire qu'un –, la mère surprotectrice et la mère distante. La mère bienveillante revient le plus souvent, parfois mêlée à d'autres modèles. Pas seulement à cause d'un rapport difficile avec le père, comme pour Chirac, Sarkozy, Hollande, Fillon, Le Maire. D'autres n'ont pas eu ce souci et ont aussi pu compter sur l'affection de leur mère, ainsi François Mitterrand, François Bayrou, Bernard Debré, Manuel Valls, Nicolas Dupont-Aignan, Jean-Luc Mélenchon.

La mère de Gilbert Collard appartient à la catégorie des mères amoureuses, un peu mère juive et distante à la fois, bref, c'est une mère excentrique. La mère d'Alain Juppé était assez proche de la mère de Charles de Gaulle, forcément un peu amoureuse et convaincue d'avoir mis au monde un être supérieur. La mère de Jacques Chirac aurait eu tendance à abuser parfois, tout comme celle de Bernard Debré. Quant à Emmanuel Macron, le mystère entretenu autour du père et de la mère reste entier. La place gigantesque prise par la grand-mère dès l'enfance, pas démentie à l'âge adulte, constitue, elle, un mystère dans le mystère.

Grands-mères, ces mères finissent par le devenir. Et, généralement des grands-mères radieuses. Rien ne le prédisait. Après tout, combien de pères finissent-ils par devenir des grands-pères utiles et enrichissants ? Peu. Alors qu'Emma Bayrou, Pierrette Le Pen, Viviane Le Maire, Odette Filippetti, Luisa Valls, pour ne citer qu'elles, après avoir excellé dans leur maternité, cultivent ou ont cultivé l'art d'être grand-mère avec chaleur, finesse et amour. C'est un rôle assez fort pour que leurs enfants tiennent à en parler même si on ne leur pose pas la question.

Ce qui reste de ces six mois de *voyage en mères,* c'est une idée fixe. Nous nous étions lancés dans ce projet sans a priori, avec juste l'espoir que nous récolterions de belles histoires. Nous avons eu mieux que ça. Un monde s'est ouvert, plein de sensibilité, d'émotion, de gratitude et d'amour jusqu'aux larmes. C'est une expérience unique d'avoir entendu des hommes de soixante-dix ans ou des femmes en pleine jeunesse dont la voix se cassait soudain parce qu'ils évoquaient « maman ». La politique était tellement loin, et l'ambition, et les joutes, et les feux de l'actualité, et sa tête qu'il faut montrer à la télévision, et sa voix qu'il faut faire entendre. Eux comme nous, nous étions revenus dans un monde qui n'appartient qu'à l'enfance, où les mères sont reines, et que nous avons la sottise de perdre de vue, la plupart du temps. « Le bonheur, c'est d'avoir quelqu'un à perdre », selon Philippe Delerm. Nous repensions souvent à cette jolie phrase qui pourrait être dédiée à toutes les mères et à leurs enfants. Ce qui reste de ces heures passées avec ces hommes et ces femmes racontant, avec leurs mots, un lien magique, le plus beau qui soit, c'est un sentiment de plénitude. Et d'accomplissement. Nulle frustration, peu de regrets. Tout est naturel, instinctif. On aime sa mère comme on respire.

1.

Anne et François Fillon

Mère calme à peu agitée

François Fillon est un rebelle. Cela n'apparaît pas au premier regard. Quand on l'observe avec attention, on découvre à quel point ce gentleman paisible, modéré, et qui ne lève jamais le ton, peut s'emballer en quelques secondes. Il en a fait la preuve pendant toute la campagne des primaires de la droite et du centre. Au début, personne ne s'en apercevait, ce qui n'est pas étonnant puisque personne ne faisait attention à lui. Et puis, lors des débats, on l'a vu parfois monter d'un ton et rembarrer adversaires ou journalistes dont les remarques l'avaient insupporté ou simplement irrité. Il peut être moqueur ou ironique. Il est ainsi et ça ne date pas d'hier. On se souvient qu'à peine nommé Premier ministre par Nicolas Sarkozy en 2007, il avait, lors d'un voyage en Corse, lâché cette phrase lourde de sens : « Je suis aujourd'hui à la tête d'un État en faillite. » C'était inquiétant pour tous, désagréable pour ses prédécesseurs, et l'emploi du « je » avait contrarié son président. Pour le moins. Peu importe à François. Capable de se taire longtemps, d'abriter ses humeurs sous des airs flegmatiques, quand il desserre les vannes, on sent que rien n'est décidé. C'est un barrage qui saute, et ça fait plus ou moins de dégâts selon les moments. Ce n'est plus son souci. Il est ainsi depuis l'enfance car, rebelle, François l'a toujours été.

Il l'assume, reconnaissant froidement qu'il n'aime pas être dépendant et ne supporte pas l'autorité. Il a commencé très jeune dans le registre, s'opposant à l'autorité de son père, avant de se frotter à celle de ses professeurs. Et des adultes en général. Ces rébellions qui étaient aussi parfois des révoltes, il ne les regrette pas plus aujourd'hui qu'il ne s'en excusait hier. Tout juste consent-il à expliquer que son père était quelqu'un de très autoritaire, comme si ceci devait expliquer cela. De toute son enfance, une seule personne a pu peser sur ses choix, ses désirs et les directions qu'il voulait prendre.

C'est Anne, sa mère, celle qui, entre autres, lui a transmis sa sérénité, son sourire paisible et ce calme impérial qui, souvent, dissimulent des bouillonnements intérieurs. Anne a compris très vite que François est un tendre, un affectif sensible à toutes les marques d'amour et de gentillesse, rétif à tout ce que l'on veut lui imposer par l'autorité ou la force des mots[1]. C'est tout simple, Anne et François étaient faits pour s'entendre, il est donc bien heureux que le destin les ait unis pour toujours en tant que mère et fils. Le parcours d'Anne a pu servir de modèle à François tant il est exemplaire : intelligence, sérieux, patience

1. Entretiens avec des proches réalisés entre le 20 et le 30 octobre 2016.

et don de soi sont des qualités que l'on retrouve chez l'un comme chez l'autre.

Peu après leur mariage, et comme son jeune mari, stagiaire dans une étude de notaire, gagne mal sa vie, Anne arrête ses études pour entrer dans l'enseignement. Elle met ainsi entre parenthèses ses désirs de devenir historienne. L'essentiel est de soutenir Michel avec son salaire. L'intervalle durera vingt ans. Anne enseigne le latin, le français et l'anglais dans deux institutions au Mans pour des élèves allant de la sixième à la seconde. En 1954, François, le premier enfant du couple, arrive au foyer. C'est un bébé gracieux qui ne donne aucun souci. Sa mère n'est jamais aussi radieuse que lorsqu'elle le tient dans ses bras. Le destin va vite favoriser leur entente. François, à peine âgé de deux ans, se retrouve seul avec sa mère, en avril 1956, son père, Michel, ayant été appelé en Algérie en pleine guerre d'indépendance.

Les combats étaient meurtriers, les attentats aussi. La peur régnait partout, les militaires du contingent vivaient dans l'angoisse des jours et des nuits. Ils étaient des cibles privilégiées. Des appelés mouraient dans des affrontements. Le régiment de Michel Fillon attendait, tout près d'Alger, d'être envoyé d'un moment à l'autre dans le djebel s'il survenait un coup dur. Loin de là, en métropole, Anne Fillon, restée seule avec son premier fils, passait ses jours et ses nuits à attendre des nouvelles de Michel tout en craignant d'apprendre le pire. Les courriers qui arrivaient étaient des messages d'espoir tant qu'ils n'avaient pas été ouverts. La radio distillait des nouvelles régulièrement sans que l'on sache si elle disait vraiment tout. La nuit, Anne pleurait et priait. Le jour, elle essayait de cacher son angoisse pour que son petit garçon de deux ans ne s'aperçoive de rien. Mais on ne cache pas grand-chose à un enfant quand il s'agit du sort de son père et du chagrin de sa mère. Comme s'il voulait entrer lui aussi dans l'histoire de ces deux adultes séparés contre leur volonté, le petit François enserrait de temps en temps les jambes d'Anne, tout en murmurant : « Pleure pas, maman, papa, il reviendra. »

« Papa » a fini par revenir et la vie a pu reprendre. Presque normale. Michel a fini son stage de notariat, et s'est installé à vingt-cinq kilomètres du Mans, à Cérans-Foulletourte, village de la Sarthe. Il a racheté à bas prix une étude en plein laisser-aller. Pour retrouver une clientèle, dynamiser son activité, il faudra du temps et de l'argent. Et beaucoup de travail. Michel emprunte autant qu'il peut et se met à la tâche. Les débuts sont pénibles. Anne doit continuer à travailler. Il faut parer au plus urgent. Le problème se pose de faire garder son fils de trois ans pendant qu'elle donne ses cours. Les solutions ne sont pas nombreuses. Surgit une idée. Les religieuses qui dirigent l'institution autorisent la jeune mère à amener son petit garçon au jardin d'enfants de l'établissement. Cette nouvelle organisation va aussi permettre à François de prendre d'emblée une avance scolaire sur les enfants de son âge. S'étant retrouvé tout de suite avec des élèves plus âgés que lui et au contact d'adultes versés dans l'enseignement, il a commencé son apprentissage de la lecture et de l'écriture à l'âge des bacs à sable. Voilà sans doute pourquoi, quelques mois plus tard, il s'exprimait d'une manière étonnante, avec des raisonnements d'adulte, ce qui n'est généralement pas le cas des enfants de trois ans et demi. Très tôt, il montre une maturité inhabituelle, que l'on retrouve dans certaines de ses réflexions.

L'année 1958 est marquée par un déménagement et l'arrivée d'un deuxième enfant, Pierre, dans la famille. Ayant été obligée de quitter Le Mans et ses élèves, Anne espère en profiter pour s'occuper de ses petits. Pendant quelques mois elle reste à la maison pour se consacrer au bébé et à son grand frère, et se réjouit chaque jour de sa proximité avec son fils aîné. Chez sa mère, François provoque le plus souvent sourire et compréhension. Ils n'ont pas besoin de se parler, juste quelques mots de temps en temps et tout est dit. Ils se ressemblent, se comprennent à travers leurs regards. Surtout, ils s'aiment paisiblement. Avec Anne, François ne lance pas de grands défis et ne provoque jamais. En revanche, il lui fait part de ses petits rêves, lui pose des questions. Elle est son interlocutrice, plus que tout autre. C'est à Anne que François confie un jour, alors qu'il n'a que quatre ans : « Je me demande avec qui je me marierai. Il y a bien des cousines. Mais le pape ne veut pas. Le pape ne veut pas qu'on se marie avec des cousines. » Anne sourit, et ne cherche même pas à savoir d'où son fils tient ces « informations ». Ce petit garçon est une éponge, il ingurgite, assimile et restitue plus tard de façon très intelligente. Une autre fois, François avait assisté à une discussion au cours de laquelle Michel évoquait des questions d'héritage posées par certains de ses clients de l'étude et faisait référence à des disputes entre frères et sœurs qui peuvent survenir le plus souvent au moment de l'ouverture d'un testament. Le genre de conversations qui barbent les enfants et auxquelles, généralement, ils ne comprennent rien.

Un peu plus tard, François demande à sa mère pourquoi il arrive que des frères puissent se disputer. Celle-ci lui répond que des frères se disputent parfois à propos d'une maison parce que chacun la veut. Alors, il prend le temps de réfléchir et revient quelques heures après vers sa maman pour lui dire, le regard droit : « Moi, je sais que cette maison-là, celle qu'on habite, elle sera à moi un jour parce que je suis l'aîné. » En effet, il y a un petit frère, Pierre, mais François, semble-t-il, ne croit pas que celui-ci ait un jour le droit d'exprimer un désir. Anne, qui ne se départit jamais de son calme, répond avec douceur que sans doute il se trompe en affichant une telle rigidité : « Tu vois, c'est comme ça que les disputes commencent entre frères. Peut-être que Pierre, même s'il est bébé aujourd'hui, il la voudra aussi un jour cette maison. » Il faut faire comprendre à l'enfant que son avis n'est pas le seul à compter. Il doit composer avec les désirs des autres, et seule sa mère peut lui insuffler cet esprit.

Le lendemain, et manifestement après avoir réfléchi longtemps, François revient voir Anne : « Comme je serai pilote de chasse, je n'aurai pas besoin de la maison. Je la laisse donc à Pierre. » Une manière de s'incliner tout en faisant croire que la décision vient de lui. Il a déjà commencé à faire de la politique... L'enfance de François regorge de telles anecdotes, de petites histoires à deux personnages, Anne et François. Jamais Michel n'est convié dans ces délicieuses saynètes. Elles mettent de la vie dans la maison, font rire Anne et fortifient François. Au cours de tous ses échanges avec sa mère, il est amené à raisonner, argumenter. Il ne le sait pas mais il s'exerce déjà à une forme de dialectique, dans la sérénité et la bonne humeur. Ça ne durera pas.

La comptable de l'étude notariale de Michel ayant été victime d'un accident et celui-ci étant dans l'impossibilité financière d'engager quelqu'un pour la remplacer, Anne va prendre des cours accélérés de comptabilité pour assumer la tâche. C'est une solution d'attente. Elle durera quinze ans. François découvre qu'on ne peut pas passer sa vie à la maison et à portée des jupes de sa mère. Le monde alentour est moins douillet, moins enclin à le comprendre. Ce qui ne va pas manquer de lui causer quelques contrariétés. Cette façon assez libre de s'exprimer, qu'on lui connaît aujourd'hui, existe depuis son plus jeune âge. Et très vite elle commence par horripiler son père, voire le mettre hors de lui, avant d'en irriter bien d'autres plus tard. Au contraire, Anne s'amuse de la chose. Mais elle ne sera bientôt plus la seule complice de son fils.

Les grands-parents maternels de François jouent, eux aussi, un rôle important dans son évolution. Ils savent à la fois entrer dans son univers et lui faire partager le leur. L'aimer jusqu'à lui donner envie de les rejoindre. Quand Anne emmène son fils chez ses grands-parents, l'enfant se précipite dans l'atelier de bricolage que s'est fabriqué son grand-père. Il adore le voir faire. Puis il le quitte pour aller voir sa grand-mère, Germaine, qui lui raconte des histoires, l'éveille à certains jeux. Avant de retourner à l'établi de son grand-père dont la collection d'outils le fascine. François passe alors des moments inoubliables. Peu à peu, Papi comme il l'appelle le guide dans un autre monde qui va le fasciner : celui de la photographie. Marcel Soulet est un photographe amateur qui préside une association. Il emmène son petit-fils dans ce monde merveilleux de la photo, s'enfermant avec lui dans la chambre noire où il développe ses tirages en noir et blanc, lui donnant ses premiers conseils. Aujourd'hui encore, à soixante-trois ans, François Fillon est un passionné de photo et prend beaucoup de temps à chercher toujours le meilleur matériel pour assouvir son engouement. Marcel, qui n'appelle que rarement son petit-fils François, lui préférant le diminutif de Paquito, qui signifie « petit François » en espagnol, ou Panchoua, François en basque, va aussi l'initier à une autre passion encore puissante aujourd'hui : celle de l'automobile.

François n'a que deux ans lorsque son grand-père l'emmène pour la première fois sur le circuit du Mans afin d'assister à la célèbre course des 24 Heures. Avec quelques amis, Marcel Soulet est à l'origine de la naissance de cette course des 24 Heures du Mans devenue la plus célèbre épreuve d'endurance au monde. Ils avaient d'abord créé le comité de circuit de la Sarthe en 1905, puis l'Automobile Club de l'Ouest en 1906, jusqu'à réussir la création d'une première édition des 24 Heures en 1923. Tout cela, le grand-père le raconte à Paquito, petit-fils émerveillé qui n'oubliera jamais. Il voulait être pilote de chasse, c'est fini. Son goût est maintenant tourné vers les bolides et les courses hurlantes.

L'âge aidant, François passe plus de temps dans le cadre scolaire que dans le cadre familial. Désormais, ses ruades ne seront plus tempérées par sa maman. Il lui faut affronter les autres, s'y confronter parfois. Il est d'abord un élève brillant en primaire, avant que tout se gâte lorsqu'il entre au collège. Encore et toujours à cause de son indiscipline. En cinquième et en quatrième, il est décrit comme un enfant terriblement agité. Le collège privé de Saint-Michel-des-Perrais, à Parigné-le-Pôlin, l'exclut même provisoirement après qu'il a jeté une ampoule lacrymogène en classe. Et en plein cours. C'est tellement plus drôle. Les heures de colle pleuvent et aussi les heures de travaux d'intérêt général. Même son travail s'en ressent. Il ne tient à rien qu'il ne redouble sa cinquième.

Quand il rentre à la maison, la tension monte d'un cran car Michel ne supporte pas cette forme de rébellion. Père et fils s'affrontent d'abord silencieusement. Mais le ton peut monter vite. Au lycée Notre-Dame-de-Sainte-Croix, au Mans, dont il est élève de première, il va encore plus loin. Ce qui est d'autant plus paradoxal que son père l'a mis dans cet établissement dirigé par les jésuites pour qu'il se plie à une certaine discipline... Au printemps 1971, François prend la tête d'une révolte contre une enseignante d'anglais jugée incompétente. Les élèves et leur chef de file demandent la mise à l'écart de ce professeur ! Ils ont improvisé des barricades, avec banderoles et slogans. Le résultat ne se fait pas attendre : François est exclu d'abord définitivement de l'établissement puis réintégré après que ses camarades ont bruyamment manifesté leur colère au cri de « Libérez Fillon, libérez Fillon[1] ! ». On s'offre les Mai 68 que l'on peut. La condition de son retour en grâce, c'est que le chef de meute ne soit plus pensionnaire à la rentrée. Ce soir-là, ça chauffe chez les Fillon. François se contente de se souvenir : « Mon père m'a calmé… » Pas pour longtemps. Quand il se calme, ça ne dure pas. Seule sa mère peut témoigner de sa douceur. Dès qu'elle parle, il s'apaise, écoute. Pas besoin de crier ou de menacer. Le reste du temps, il défie l'autorité, celle de son père et celle de ses professeurs, conteste tout, se révolte plusieurs fois par jour. Il vit sous tension continue et impose une pression difficilement supportable à son entourage. La vérité, que personne ne voit sauf Anne, sans doute, c'est que ce jeune homme brillant étouffe, et n'en peut plus d'étouffer. Il ressent cruellement son manque de liberté et ça l'agite en tous sens. Ses rébellions viennent de là. Il est devenu incontrôlable, enragé par moments. Il pourrait être désespéré, ce n'est pas son genre. Le désespoir, ce n'est que de la colère sans enthousiasme.

Tout est bon pour faire n'importe quoi : un jour, il « emprunte » la deux-chevaux de sa mère pour aller faire un tour. Confondant marche avant et marche

---

1. *François Fillon, le secret et l'ambition,* Christine Kelly, Éditions du Moment, 2007.

arrière, il enfonce la voiture dans la porte du garage. Un autre jour, il revendique d'avoir plus d'argent de poche, un autre il vide la cave de ses parents en leur absence, cachant les bouteilles vides derrière les pleines ; certains soirs il s'évade de la maison par le toit, entraînant à l'occasion l'un ou l'autre de ses jeunes frères. À chaque écart, la fureur de Michel est telle qu'Anne a bien du mal à le calmer. Il ne comprend pas qu'un gamin, son gamin, puisse se comporter ainsi. Insolence ? Mal-être ? Le père ne veut pas chercher à comprendre l'incompréhensible. Il ne voit qu'une chose, son fils a le diable dans la peau et c'est hallucinant que ça tombe sur eux. Vous parlez d'une chance ! « Mon père était très autoritaire », répète François. Comme si c'était l'explication de tout. Michel était sans aucun doute très autoritaire, certes, mais aucun de ses autres fils n'a jamais provoqué de telles fureurs.

Aujourd'hui, François n'oublie pas non plus que son père était aimant, même s'il était sans doute trop sévère et toujours rigoureux. Nous sommes toujours le résultat de notre éducation, et nous portons longtemps, indéfiniment, les traces laissées par les manques ou les abus. On appelle cela des cicatrices. Ce sont nos failles, nos marques, comme des signes distinctifs qui n'appartiennent qu'à nous. Qu'il en soit en partie responsable ou pas, François est le produit de cette enfance mouvementée et toujours sous tension. Elle a fait de lui, très tôt, ce jeune homme qui avait tendance à garder ses pensées et problèmes pour lui. Qui ne se confiait pas. Et pas plus aujourd'hui.

Sans cesse, Anne tente d'apaiser. Le père et le fils. Avec sa mère, François apprend aussi l'indulgence, la douceur. Pour avoir fait d'énormes bêtises, il a reçu nombre de sévères punitions, dont Anne, toujours mélodieuse, le dispensait régulièrement, à l'insu de son père.

Après François, l'aîné, et Pierre, les Fillon ont encore eu deux garçons, Arnaud et Dominique, le petit dernier. Ils ont renoncé à avoir une fille, ce qui facilite les choses quand François veut jouer les chefs de bande, un exercice dans lequel il excelle. Partout où il passe, où il va, il veut commander. Il s'en montre digne le plus souvent. Ainsi, devenu chef scout, il sauve le doigt d'un camarade, amputé par accident, en lui portant intelligemment les premiers secours. Comme François n'aime toujours pas les mises en vedette, il nuance : « Je n'ai pas fait tant que ça, ma mère aimait raconter cette histoire à sa manière… » Au moins un point de divergence entre Anne et son fils.

Généralement, il assume ses responsabilités, même lorsque les bêtises sont grosses. Encore que, de temps en temps, il redirige les colères de son père sur l'un de ses frères. Il a appris à se défausser de temps en temps lorsque ça barde. « J'étais l'aîné mais je savais de temps en temps faire dévier les tirs sur mes frères », reconnaît-il amusé. Parfois, il négocie avec Pierre : « Tu te dénonces à ma place et en échange je te donne une petite voiture. » Au bout d'un moment, Pierre avait une belle écurie de course et les parents n'étaient plus tellement dupes. Mais chacun faisait comme si.

Anne, fidèle à ce qu'elle est, tout en douceur et en compréhension, continue de tenir les rênes de ce fils endiablé que personne ne peut contrôler. Sauf elle. Quand il aura eu son bac, en 1972, et trouvé peu à peu sa voie dans la politique après avoir été tenté par le journalisme, François s'apaisera avec la maturité. De quoi ravir sa mère qui, de son côté, prend désormais le temps de s'occuper d'elle. De ses ambitions personnelles.

Elle y a renoncé pendant vingt ans. Quatre garçons, c'était du travail. Elle a tout assumé à la perfection. Très religieuse sans être bigote, mère aimante sans jamais devenir abusive, épouse solide, elle fait partie de ces femmes qui semblent s'être donné pour mission d'assurer la sérénité de ceux qu'elles aiment. Anne est une sorte d'héroïne discrète de ces années soixante et soixante-dix – sans doute les plus belles que la France ait connues après la guerre –, quand il fallait tout de même se battre pour vivre encore mieux et donner le maximum aux siens. Les enfants commencent à être grands, ils ont moins besoin d'elle ; Michel dirige une étude florissante, il en a ouvert d'autres dans la région et multiplie les responsabilités : président de la chambre des notaires de la Sarthe, président du conseil régional de la cour d'appel à Angers… Il n'a pas plus de temps à consacrer à sa famille, mais Anne sait qu'il a moins besoin d'elle à l'étude. Après tout, il peut aisément la remplacer et, sa liberté reprise, elle va pouvoir se tourner enfin vers ses rêves inachevés. À trente-neuf ans, cette mère de quatre enfants, comptable à l'occasion pendant quinze ans, ne veut pas se contenter de planter des arbres dans son jardin et de tailler ses fleurs. Elle veut faire quelque chose d'autre de sa vie. Après une si longue absence, elle reprend donc le chemin de l'université, termine sa licence d'histoire, obtient une maîtrise et soutient en 1982 un doctorat d'histoire. En 1983, Anne devient maître de conférences à l'université du Maine, puis en 1990 est nommée professeur des universités. La fulgurante réussite d'une femme qui s'était éloignée pendant vingt ans. Le temps d'une génération.

Il y a bien longtemps que François, le fils rebelle, vole de ses propres ailes. Il a fait sa vie à sa manière, mais dans l'esprit de ce que lui a communiqué sa mère. En 1980, il a épousé Penelope avec laquelle il va avoir cinq enfants, de Marie, née en 1982, à Arnaud, né en 2001. Le petit dernier dont le prénom est un hommage et l'insigne d'une tragédie.

Arnaud, c'était aussi le prénom d'un des jeunes frères de François. Cet Arnaud, le troisième des enfants de Michel et Anne, a dix-huit ans en 1981. Il est en pension près de Paris où habitent François et sa jeune épouse. Dès qu'il a une « permission », Arnaud s'installe chez son grand frère. C'est un jeune homme attachant, un petit dernier pas toujours très sage mais qui aime les conversations avec François, ses conseils, sa maturité. Au mois d'avril, au milieu du week-end de Pâques qu'il passe en famille au Pays basque, il veut, un soir, rejoindre des amis, emprunte une voiture alors qu'il n'a pas le permis de conduire et perd le contrôle quelques minutes plus tard. Son passager sortira du coma quelques jours plus tard, Arnaud est tué dans l'accident. Ce même soir, François a prévu de dîner à quelques kilomètres de là. Lorsqu'il arrive sur place avec Penelope, ses hôtes, déjà prévenus, n'osent pas lui annoncer entièrement la terrible nouvelle. Ils le pressent de vite aller retrouver ses parents. Il a compris. C'est une douleur commune qui se passe de hurlements. Le silence convient très bien à la mort. Anne a la foi, c'est une aide inestimable dans un moment comme celui-ci. Et les regards de ses fils, la main de son mari qui ne lâche pas la sienne. La vie va continuer autrement. Parce qu'il est ainsi, François enfermera pour toujours son chagrin. Jusqu'à ce que, en 2001, il ait, à quarante-sept ans, ce fils inattendu, près de vingt ans après sa sœur aînée. Il choisit de l'appeler Arnaud. Sans commentaire. «Je ne parle pas beaucoup, je me confie à moi-même », dit-il. On ne saurait mieux dire.

Anne est morte en août 2012, d'une longue maladie. Elle avait quatre-vingts ans et ne s'était que peu exprimée sur François depuis le début de sa carrière politique. Quelquefois pour dire qu'elle avait un peu peur pour lui et aurait sans doute préféré qu'il fasse autre chose. Aussi pour souligner sa maîtrise de lui-même « qu'il possédait déjà dans sa jeunesse ». Elle aurait pu ajouter qu'elle n'était pas pour rien dans ce qu'était devenu François. Mais, comme son fils, elle mesurait ses mots. La chaleur et la présence de sa mère ont guidé la jeunesse de François, et l'ont rempli de confiance en lui. C'est une certitude. Il ne l'oublie pas. Même si l'amour d'une mère ne réalise pas tous les miracles.

François est resté tel qu'il fut, secret et cloisonné. Donnant l'impression de tout pouvoir subir et encaisser, avec pondération. Jusqu'à ce que parfois un propos, une réflexion, une question malvenue, vienne faire sauter le couvercle. Comment mieux dire qu'on est vivant ?

2.

Pierrette et Marine Le Pen

Quand la mère se retire...

Pierrette est détendue, souriante, toujours en mouvement. Elle passe d'une chose à l'autre, n'oublie rien. Le temps des obligations mondaines est passé, mais elle continue de se multiplier. Comme avant. Il y a longtemps. Les jours défilent, les heures se bousculent. Pierrette, vaillante, toujours plus jeune à quatre-vingt-un ans, déborde d'énergie, veille à tout, inlassable, et arbore un sourire lumineux. Pierrette vit seule dans la maison du parc de Montretout à Saint-Cloud, elle est en même temps très entourée et ne s'en lasse pas. Elle lit beaucoup, a aimé Stephen King – « nous étions des fans absolues, mes trois filles et moi[1] » –, se dit déçue depuis quelque temps. Rien n'égale selon elle Didier van Cauwelaert, « il ne déçoit jamais », elle a encore dévoré son dernier roman avec délices. Elle aime bien aussi Amélie Nothomb qu'elle suit depuis des années, et Jean Teulé. Saint-Cloud, à l'ouest de Paris, est

1. Entretiens réalisés à Saint-Cloud, les 9 et 27 septembre 2016.

une banlieue chic, avec ses pavillons et ses grands espaces verts. Et son écrin, le parc de Montretout, tapissé de demeures de luxe qui semblent somnoler à l'ombre des arbres immenses. La Seine est plus bas, à quatre cents mètres, et de l'autre côté c'est Boulogne-Billancourt puis Paris. Une autre vie. Du parc de Montretout, le photographe Raymond Depardon a dit qu'il lui rappelait Beverly Hills. En ironisant, on pourrait suggérer plutôt Dallas ou Santa Barbara, pas tant pour l'architecture que pour les scènes d'hystérie familiale qui s'y sont déroulées depuis l'arrivée de la famille Le Pen il y a près de quarante ans. L'histoire est ancienne : en 1976, Jean-Marie Le Pen hérite d'un milliardaire dépressif, Hubert Lambert, mort à quarante-deux ans de ses abus d'alcool et de médicaments. Et d'un profond dégoût de la vie. S'étant entiché de Le Pen, de ses idées et de son programme, il avait décidé de tout lui léguer. Son immense fortune, pour l'aider à continuer son combat, et son incroyable propriété, pour y abriter sa famille. Malgré la grogne des voisins, de grands bourgeois auxquels venait s'ajouter un acteur de cinéma, Lino Ventura, peu enthousiastes à l'idée de voir leur belle tranquillité troublée par le spectacle de voitures de police ou de déploiements de sécurité, les Le Pen allaient se greffer agréablement sur cette vie dorée et en bousculer la sérénité.

Les fêtes succédaient à des coups de grisou politiques, eux-mêmes entrecoupés de psychodrames familiaux. Aujourd'hui, le calme est revenu, faute de combattants, diront certains… Raison de plus pour que Pierrette veille à tout. Si elle ne prend pas soin de sa grande famille dispersée, qui le fera ? Il y a les trois filles, d'abord. Marie-Caroline, l'aînée, Yann, la cadette, et Marine la benjamine. Il y a Jean-Marie, l'ex-mari.

Depuis quinze ans, il a déserté Montretout, « trop bourge », où il ne s'est jamais senti à l'aise, même s'il conserve ses bureaux dans ce qui fut la demeure du couple. Depuis quelques années, il n'y vient plus que pour travailler, à peu près tous les après-midi de la semaine. « La plupart du temps, il passe me voir pour boire un café et bavarder un moment avec moi. Yann habite dans la grande maison au deuxième étage. Marion vit désormais dans une maison plus bas dans Saint-Cloud. Avec son bébé. Mais elle est souvent ici. »

Marine, elle aussi, a quitté Saint-Cloud pour un appartement plus fonctionnel à La Celle-Saint-Cloud. Marie-Caroline n'est plus là depuis longtemps, lorsque, avec son mari d'alors, elle avait fait le choix de suivre Bruno Mégret, le « traître » dissident, parti créer un nouveau mouvement. Plus de quinze ans ont passé, la réconciliation entre le père et la fille n'a pas eu lieu. La rancune est un art de vivre chez Jean-Marie Le Pen. D'ailleurs, on souhaite beaucoup de patience à Pierrette qui s'est mis en tête de réconcilier Marine et son père. L'affaire n'est pas gagnée.

Pierrette reste là, fidèle au poste, avec parfois des allures de dernier recours, souvenir d'une époque pas si lointaine où les Le Pen, le père, la mère et les trois filles animaient de toute leur énergie cette partie du parc qui paraît le plus souvent très endormie. Pierrette continue de faire vivre le domaine, organisant des goûters d'anniversaire, des réunions de famille, gérant lorsque c'est nécessaire l'emploi du temps de tel ou tel de ses petits-enfants... Marine a trois enfants, Jehanne, dix-neuf ans, et les jumeaux Louis et Mathilde, dix-huit ans. Yann est la mère de Marion – elle-même maman d'une petite Olympe –, Romain et Tanguy. Marie-Caroline aussi a trois enfants, Aymeric, Nolwenn et Pierre.

Pierrette est heureuse. Elle fait tout ce qu'elle aime, se consacrer à ses filles, à leurs enfants. Elle organise des réunions de famille (avec tout le tact nécessaire)... Ces jours-ci, elle est dans l'organisation d'une fête pour les deux ans d'Olympe, la fille de Marion et sa première arrière-petite-fille. Il lui reste même du temps pour lire, et peindre le visage de ses petits-enfants qui grandissent, n'en finissent plus de changer, et viennent, en autant de portraits, s'aligner sur un mur, défiant les années qui passent. Pierrette est heureuse. Cette troisième vie, elle l'a choisie. Elle veut que ce soit sa dernière. Tout le reste, le passé douloureux, les tumultes d'autrefois, les déchirures intimes, ça ne compte plus. Tout s'est arrêté une première fois, comme sous l'effet d'une secousse sismique. Ce n'était qu'un terrible tremblement de mère mais ça a fait du dégât. Et depuis, plus rien n'a été pareil.

C'était en 1984, plus de trente ans en arrière. On disait « les » Le Pen, alors ; ils étaient plus blonds les uns que les autres, charpentés à la mode de Bretagne, triomphants et tout sourire, de l'insolence et de l'audace, le couple et ses trois filles baladant un parfum de scandale qui collait au chef de famille, à ses idées, ses postures et ses saillies, dont il ne voulait surtout pas se débarrasser. Ils étaient riches, sulfureux, vivaient comme des babas cool, à l'inverse de tout ce que pouvaient imaginer leurs ennemis. Il y avait souvent une vingtaine de copains à la maison, le soir, alors Pierrette faisait des pâtes pour tout le monde, à la bonne franquette. Personne ne surveillait les devoirs des enfants, ni leurs fréquentations, les parents s'échappaient parfois pendant trois mois pour traverser l'Atlantique en voilier, laissant à des nounous le trio de filles ; la nuit on refaisait le monde, chez les uns ou chez les autres, l'argent n'était qu'un moyen d'être libre.

Un jour, la mère s'est retirée. Disparue, envolée. Pas un mot. Ce n'était pas une façon de faire, bien sûr. Elle n'en pouvait plus de cette vie qui ne menait à rien, de ces discussions qui n'en finissaient plus, des crispations et des tensions, des trahisons et des infidélités. Elle est partie avec un homme parce qu'il fallait bien trouver un prétexte mais elle laissait là-bas tout ce qu'elle avait, à commencer par son cœur. Elle croyait qu'elle pourrait survivre sans. Quinze années ont suivi sans aucun contact entre la mère et ses filles. Cela ne semble pas vrai quand on sait l'amour qui les unissait jusque-là. Plus rien. Que le silence violent, les larmes rentrées, des cœurs qui se serrent jusqu'à étouffer. Pas une plainte, pas un geste de part et d'autre d'un malheur assumé.

« Elles ne refusaient pas de me voir, au début, mais je m'étais mis dans la tête qu'elles n'avaient plus besoin de moi. Je me disais : je suis partie de leur vie, ça ne va leur faire que du bien. Surtout à ma fille aînée qui était déjà adulte et continuait de vivre malgré tout dans mes pas. Sur mon mode et dans la recherche permanente de mon modèle. Marie-Caroline était dans le mimétisme, voulait faire tout comme moi, prenait mes robes. C'était un peu pesant. » D'ailleurs, dans les mois qui ont suivi le départ de Pierrette, Marie-Caroline s'est découvert une nouvelle personnalité. Sa mère n'était pas là pour le voir. Trente-deux ans après, ce départ, d'une brutalité inouïe, fouette encore les mémoires. Pierrette ne veut rien fuir même si elle ne comprend pas tout. Le départ ? Il y avait tellement de raisons, à commencer par les infidélités de Le Pen, insupportables à la longue, et aussi la tension qu'il insufflait à chaque heure de la journée. L'homme est ainsi, il ne peut vivre bien que dans la tempête. Les conflits sont son oxygène. Ça use à la longue. « Et puis, il n'aime vraiment que la politique, c'est un démon qui le ronge, une passion à côté de laquelle rien ne compte, ajoute Pierrette. La femme, les enfants, c'est posé là, à côté, ça lui fait plaisir mais ça ne compte pas vraiment. Je lui avais dit un jour : “Tu n'aurais jamais dû te marier ni faire d'enfants.” Il avait dû rire, comme souvent quand on lui assène une vérité. Certes, il a beaucoup veillé aux études de notre aînée, Marie-Caroline, à laquelle il a fait faire des études universitaires en Angleterre, il s'est moins occupé des autres. »

Ce qui l'a longtemps rongée et détruite, c'est d'avoir pu englober ses enfants dans son abandon. Fuir Le Pen, couper définitivement avec lui, était-ce forcément disparaître quitte à saccager le cœur de ses trois filles ? « J'avais déjà essayé de le quitter, j'y étais même presque parvenue quelques années plus tôt, mais systématiquement je me laissais reprendre… Pour avoir une chance de lui échapper définitivement, il me fallait couper avec toute attache, tout souvenir. Je l'ai vécu comme cela… Garder un contact, ne serait-ce que téléphonique, avec mes filles m'aurait empêché de couper le lien avec lui ; c'est sans doute la seule vérité de ce qui s'est passé. Partir avec un homme en me donnant l'illusion de l'amour, me convaincre que mes filles étaient plus heureuses ainsi, il n'y avait là que des écrans de fumée qui ne cachaient qu'une seule peur, être reprise. Les filles attendaient que je leur fasse signe et moi aussi sans doute. Ça a duré près de quinze ans. À la fin, c'étaient elles qui ne voulaient plus me voir. Je comprends à quel point ça a été douloureux pour les trois, même si seule Marine était encore adolescente. »

Il y avait eu tant de scandales, de provocations, autour de ce départ. Le Pen hurlait sa rage, son ressentiment d'être trahi, Pierrette courait les médias pour s'expliquer, justifier son départ. Le ton montait dans des proportions ignobles, les insultes fusaient. Ni l'un ni l'autre des deux « combattants » n'avait l'air de se soucier des trois filles qui restaient là à compter les coups. Marine avait seize ans. Comme ses sœurs, elle avait pris le parti de son père et avait demandé à un juge de pouvoir rester officiellement sous sa garde.

Trois ans plus tard, à l'heure du divorce, Pierrette réclamait une prestation compensatoire, son avocat précisant qu'elle n'avait aucun revenu. « Qu'elle aille donc faire des ménages ! » répondait Le Pen dans l'instant. Quelques semaines plus tard, il était entendu au-delà de ses vœux : plumeau à la main, en toute petite tenue de soubrette qui ne cachait presque rien de son corps, Pierrette Le Pen, la cinquantaine coquine, faisait le ménage dans le mensuel *Playboy* ! Une vente record, un scandale sans nom, humiliant un leader politique, et surtout un immense éclat de rire dans toute la France. C'était si bon de pouvoir se moquer d'un homme qui, par ailleurs, faisait peur à beaucoup. Tellement bon qu'on en oubliait que ce couple qui s'étripait en place publique avait aussi des enfants qui ne trouvaient pas forcément la chose comique. « Toute la France riait, pas moi, pas nous ; cette période, c'est le souvenir d'une immense douleur. » Marine n'a jamais effacé cette blessure, faite de honte et d'outrage[1].

« Déjà, elle n'avait pas compris mon départ et en avait eu énormément de chagrin. Il faut savoir que Jean-Marie et moi ne nous étions jamais bagarrés devant nos filles. Elles n'avaient jamais assisté à une dispute. Les deux plus grandes, qui étaient devenues des femmes, savaient qu'il y avait des tensions même si elles n'avaient jamais entendu un éclat de voix,

1. Moins rancunière que son père, Marine a, depuis, donné son amitié à Gilbert Collard, avocat de Pierrette Le Pen à l'époque, et qui avait eu l'idée de transformer sa cliente en soubrette.

Marine ne savait rien. Donc ç'a été un choc. Elle était petite encore. » Un jour comme les autres, sa sœur aînée est venue la chercher au lycée et lui a annoncé la nouvelle :

– Maman est partie.

– Elle est partie où ?

– Je ne sais pas.

– Elle revient quand ?

– Elle ne revient pas.

Pendant quinze ans, plus rien. Marine a passé des jours et des jours à vomir de chagrin puis elle a, des mois durant, guetté à la sortie du lycée un petit signe du destin. Entrevoir le visage de sa mère, ne serait-ce qu'une seconde. Ce n'est jamais arrivé. « J'allais la voir sortir du lycée mais sans me montrer. Plus le temps passait, plus je me persuadais que mes filles étaient très contentes que je sois partie. Je voulais croire que je les libérais de mon influence. Que je sois partie les aiderait à se rapprocher de leur père. Je ne sais pas pourquoi j'ai pensé cela mais c'était en moi… Je n'ai jamais imaginé alors le désespoir de Marine. » C'est étrange, une mère en état d'abandon. Et très incompréhensible. Sans avoir besoin de savoir lire entre les lignes, Pierrette aurait pu comprendre la violence du chagrin de sa fille en découvrant les mots que celle-ci employait à son égard. Des injures comme des coups de poignard, portées avec le seul souci bien misérable de faire assez mal pour oublier quelques secondes sa propre douleur. Jusqu'à ce cri insensé, prononcé comme une sentence. « Marine a dit un jour qu'elle aurait préféré que je sois morte. Je comprends. Elle n'en pouvait plus, ça ne s'arrêtait jamais. Son père et moi nous nous rendions coup pour coup. À chaque fois que ça semblait se calmer, l'un ou l'autre repartait à l'assaut. Alors, elle a fini par s'épuiser à son tour, elle me l'a avoué : “Au moins, si tu étais morte, j'aurais eu du chagrin une bonne fois pour toutes. Là, ça n'en finissait pas, ça revenait tout le temps.” Plusieurs fois j'ai failli revenir, Marine ne le sait pas. Et puis je me disais : Non, c'est un peu idiot, maintenant que j'ai franchi le pas, fait du mal… À quoi bon revenir en arrière ? J'ai attendu près de quinze ans. Et encore, ça n'est pas venu de moi. J'étais alors dans une situation très difficile. Financièrement, d'une part. Sentimentalement, d'autre part. J'étais toujours avec le même homme, celui avec lequel j'étais partie en 1984, mais il ne subsistait plus rien du peu qui nous avait unis. Tout allait mal dans ma vie. Après le divorce, étant rentrée dans mes biens, j'avais acheté un château dans le Quercy, avec mon argent, et l'avais mis à mon nom pour que mes filles puissent en hériter un jour et que mon compagnon ne puisse pas y toucher. Hélas, comme il ne gagnait pas un sou, après l'avoir entretenu pendant des années, j'ai commencé à faire des dettes pour payer les siennes et un jour j'ai été ruinée. On m'a saisi le château. Je n'avais plus rien. Ce n'est bien sûr pas dans une situation de désespérance que l'on envisage de renouer des liens affectifs depuis longtemps coupés. On pense surtout à se cacher, se taire. Revoir mes filles, je n'y croyais pas une seconde. Et je savais qu'elles n'en avaient aucune envie… »

Un homme a tout changé. Roger Thérond, aujourd'hui disparu, était le patron de *Paris Match*, son œil et son cerveau. Accessoirement, il était aussi le responsable de toutes les rédactions du groupe Hachette-Filipacchi. Ce n'est rien de dire que le génial Daniel Filipacchi se sera très longtemps appuyé sur la clairvoyance de Roger Thérond. Celui-ci ne forçait jamais, il proposait, suggérait, attendait, persuadait, et finissait par obtenir ce qu'il voulait au bout du compte. Sans violence morale et sans effraction. Dans son métier d'urgence, il avait fait de la patience une mesure phare.

C'est ainsi qu'en septembre 1994, après avoir temporisé pendant plusieurs mois, achetant des clichés qu'il se contentait de garder dans un tiroir, dans l'attente du moment où il pourrait les utiliser, avec le confort de savoir que ses concurrents en étaient privés et ne pouvaient donc pas les publier sauvagement, il allait recevoir la récompense de sa constance. *Match* était le premier média à publier des photos de Mazarine, la fille cachée du président de la République, François Mitterrand. Avec l'accord tacite de ce dernier, ce qui n'était pas évident s'agissant de photos prises par des paparazzi. Fidèle à sa méthode, Roger Thérond avait d'abord fait savoir qu'il possédait ces photos et ne comptait pas les utiliser sans autorisation puis avait évoqué la possibilité que d'autres photos soient prises sans qu'il puisse les acheter. Après tout, il ne pouvait pas tout contrôler. Hubert Védrine, ministre proche du Président, était dans la confidence. Quand arriva le moment propice, Roger Thérond se présenta à l'Élysée avec les fameuses photos. Elles parlaient de l'amour d'un père pour sa fille, de sa fierté. Au soir de sa vie, après avoir porté son secret pendant vingt ans, François Mitterrand ne pouvait sans doute pas refuser cette « mise à jour ». Les photos étaient sur son bureau, Roger Thérond assis devant lui. « Faites ce que vous avez à faire », dit le vieux président. Mazarine aurait désormais un visage.

Quelques années plus tard, c'est encore de patience que devait user Roger Thérond pour convaincre Pierrette Le Pen de donner une interview à *Match*. « Il insistait régulièrement, en vain. Je n'avais rien à dire, aucun message à faire passer. J'étais dans mon marasme, je ne voyais pas ce qui pouvait m'en faire sortir. À la longue, j'ai fini par céder.

« Une journaliste est venue, m'a interviewée, j'ai raconté ce qu'était ma vie, rien de passionnant. À un moment, elle m'a parlé de mes filles, de la séparation. C'était inévitable. Et puis, il y a eu cette question toute bête : "Vos filles vous manquent ?" Et j'ai répondu : "Non, elles ne me manquent pas, j'en crève, je meurs tous les jours de ne plus les voir…" C'était une émotion incroyable. Comme si un barrage avait cédé. J'avais contenu mon chagrin si longtemps. Apparemment, l'émotion n'était pas que pour moi. La journaliste a gardé mes mots, l'interview est sortie telle quelle et dès qu'elle a lu l'article, Marie-Caroline m'a écrit. Quinze ans après. C'était vers la fin de l'année 1999. Je ne me souviens pas de tout. Je crois qu'elle m'a raconté entre autres qu'elle venait d'avoir une petite fille. Je devais le savoir, comme je savais pour Yann et pour Marine.

Ces naissances, ces baptêmes, ces joyeuses réunions de famille qui avaient eu lieu loin de moi. Elle m'a demandé de revenir. Très naturellement, comme si j'étais partie depuis quarante-huit heures.

« Le lendemain, j'étais à Paris, la semaine d'après, je m'installais loin du monsieur avec lequel j'étais partie et que j'avais envie de tuer depuis longtemps. J'ai tout de suite coupé avec ma vie. Ce n'était pas une vie. Juste un tunnel de quinze ans de long. Quelque temps après, j'ai pris un camion de déménagement et huit jours plus tard j'étais à Paris. J'avais un peu de hantise avant de revoir mes autres filles. Pourtant Marie-Caroline était très rassurante :

– Marine et Yann t'attendent…

– Mais elles ne veulent plus me voir !

– Mais si, elles ne demandent que ça.

« Nous nous sommes donné rendez-vous à Montretout, nous avons versé des litres de larmes et ensuite nous ne nous sommes plus quittées. J'ai trouvé à habiter chez ma marraine, à côté de Draveil, puis Marine m'a demandé de m'installer avec elle, ensuite on a fait refaire le petit pavillon d'à côté en attendant que Marine déménage. »

La réaction de Le Pen au retour de l'épouse prodigue, c'était une donnée imprévisible mais incontournable de la « réinsertion » réussie ou pas de Pierrette. La violence de leur séparation, les étapes sordides de leur divorce, les règlements de comptes en public, et tout le reste, avaient créé entre eux un sentiment que l'on pouvait assimiler à de la haine. Et puis, Jean-Marie s'était remarié, avec Jany, laquelle n'apprécierait sans doute pas que Pierrette retrouve une quelconque place – et même une place quelconque – à Montretout. Marine n'avait pas de doute : « Va voir papa, ça va bien se passer. » Et en effet, la réaction du patriarche a été à l'opposé de ce que l'on pouvait craindre. Gentleman, il a simplement dit : « Tu es ici chez toi, à La Trinité[1], tu es aussi chez toi », avant de s'occuper de faire rénover et repeindre le pavillon où elle allait habiter désormais. Il n'a plus jamais été question du passé. « Jean-Marie peut être simple, parfois. Il accueillait la mère de ses filles, la grand-mère de ses petits-enfants, et le reste n'avait pas beaucoup d'importance à côté de cela. » Même les reproches et la mauvaise humeur de Jany qui a du mal à accepter ce retour. Personne ne s'en soucie. Une mère retrouve ses filles, quoi de plus naturel au fond ? Mère et belle-mère, épouse et ex entreprennent alors un long parcours d'indifférence mutuelle.

Dans un bel accord, elles font comme si l'autre n'existait pas et ne manquent jamais de ne pas se croiser. Seize ans d'évitement, c'est une performance, et ce n'est pas fini. La température polaire est encore tombée lorsque Le Pen a cédé sa place à Marine. « Évidemment, Jany en a été mortifiée : elle n'était plus la femme du chef. Et forcément, elle en veut, depuis, à Marine. » La rupture entre père et fille survenue il y a deux ans n'a rien arrangé. La détestation mutuelle est toujours de rigueur.

---

1. En Bretagne, là où se trouve la maison de famille de Jean-Marie Le Pen qui en est originaire.

Toute à son bonheur solidement installé, Pierrette n'oublie rien. Certes, son retour apportait sans doute beaucoup de joie à tout le monde. Il avait pourtant un petit goût amer. Tout était parfait, presque rêvé, mais il manquait quelque chose. Ce manque, Pierrette le ressent alors dans sa tête et dans son cœur. Un petit rien qui l'empêche d'être tout à fait heureuse. D'abord, elle ne sait pas ce que c'est, puis elle le devine et finit par le comprendre. « Ma relation avec Marine n'était pas intacte. Avec ses sœurs, aucune ombre ne subsistait, là c'était différent. Une gêne, le poids des non-dits, des trop-dits… J'avais du mal à reprendre pied avec elle, bien plus qu'avec les deux autres. Il y avait cette barrière qui s'était créée, elle avait reçu tellement de chagrin. J'avais quitté une adolescente de seize ans, je retrouvais une mère de famille qui avait passé la trentaine. Surtout, elle avait tellement souffert. Même la meilleure volonté du monde ne pouvait pas effacer cela. Marine a toujours été ma préférée. Mes autres filles me l'avaient souvent reproché, mais bon, c'était la dernière, ses sœurs avaient eu des passages difficiles. Elle, c'était un amour. Jamais un mot désagréable, pas de conflits. Elle ne posait aucun problème. »

Il n'était pas si étonnant, au fond, que ce soit celle-là, justement, l'élue, la préférée, mais aussi celle qui avait versé des larmes désespérées, attendu des jours et des nuits sans rien voir venir, et qui avait fini par renoncer, que celle-là puisse éprouver le plus de difficulté à remonter de l'abîme dans lequel elle avait été plongée.

« Donc, nous n'arrivions pas à reprendre pied. Ni l'une ni l'autre. Jusqu'au jour où elle a décidé que ç'avait trop duré. Au détour d'une conversation, elle s'est approchée et m'a dit, comme une chose qu'on avait oubliée et qui vient de vous revenir : "Écoute, mamoune, on va oublier tout ça, je t'aime comme avant." C'est tout. Deux secondes et c'était fini. Le malaise avait disparu pour toujours. Très vite, j'en ai eu la confirmation ; je me suis aperçue que, grâce à elle, tout est redevenu comme avant. Je suis à nouveau sa mamoune, on a dépassé nos souffrances et surtout c'est à nouveau la confiance totale. Et puis c'est mon bébé, je ferais tout pour elle, je lui pardonnerais tout. S'il y avait quelque chose à pardonner. C'est un tel bonheur de l'avoir. Elle compte sur moi, je le sais, je le vis, et c'est mon bonheur d'aujourd'hui, constater que je suis utile à ma fille.

« Les dix années qui ont suivi mon retour, je me suis beaucoup occupée des enfants de Marine. Elle en avait bien besoin. Ils étaient très jeunes, elle était absorbée par ses tâches quotidiennes et sa vie sentimentale allait de travers. Deux mariages insatisfaisants, deux divorces déprimants.

« Depuis dix ans, elle a trouvé une belle forme de sérénité avec Louis Aliot, son compagnon. Il est du Sud-Ouest, comme moi, ce n'est pas la seule raison pour laquelle je l'apprécie. Ils ne vivent pas toujours ensemble. Lui réside le plus souvent à côté de Perpignan, dans sa région d'élection. La maison, là-bas, c'est la maison de Marine ! Elle l'adore. J'aime sentir ma fille heureuse. Ce n'est pas si simple. Elle mérite qu'on l'aide à y parvenir. Quand elle dit : "Si je ne t'avais pas je ne pourrais pas faire ce que je fais", je fonds. Pour elle, ce n'est rien d'autre qu'une vérité qu'elle dit presque sans y penser, tellement c'est évident ; pour moi, c'est une forme de résurrection. On ne rattrape jamais rien mais quand même. »

C'est vrai que Pierrette a beaucoup aidé sa fille ces dernières années, elle se prépare à le faire encore plus dans les années qui viennent. Sans grande joie. « Je n'aime pas l'idée qu'elle puisse échouer mais si elle gagne, j'aurai peur pour elle... J'ai envie qu'elle réalise ses rêves, qu'elle atteigne ses objectifs, mais comment lui souhaiter d'être élue ? Sa vie serait foutue. Et la nôtre aussi. Quel enfer ! Je sais aussi qu'elle peut tout arrêter du jour au lendemain. Elle est à ma connaissance le seul personnage politique qui serait capable de partir brutalement, quitter la scène du jour au lendemain, sans raison concrète. Juste parce qu'elle en a assez. Marine est certes un animal politique, mais toute seule, elle n'y serait pas allée. On l'a poussée. Elle pourrait faire autre chose, jardiner, s'occuper de chats, créer un élevage de chats avec moi, elle en parle quelquefois. Je l'entends parfois dire qu'elle en a assez, qu'elle va arrêter. Elle est très différente de son père, là-dessus. J'ai l'habitude de dire qu'elle est son clone, pas sur ce point. Jean-Marie n'est heureux qu'en politique. Marion lui ressemble plus. On voit qu'elle aime ça, qu'elle s'en régale. »

Quand elle évoque sa petite-fille, Pierrette se fond dans une autre forme de tendresse... La grand-mère prend le pas sur toutes les autres femmes. « Elle est passionnée, intelligente, même si elle n'est pas encore rompue à tous les aspects vicieux de la vie politique. C'est encore un bébé... » Pierrette est une grand-mère fière mais, là aussi, inquiète. Marion s'est séparée de son jeune mari avant même que leur petite fille fête ses deux ans. Trop d'absences prolongées pendant la campagne des régionales ont usé prématurément le couple. « Elle est partie dans le Sud pendant six mois, revenait de temps en temps, totalement accaparée par son objectif, et elle n'a pas fait assez attention à lui. Il a trente-deux ans, a monté sa start-up, gagne de l'argent, n'a pas besoin de Marion pour vivre et ne s'intéresse pas à la politique. Il en a eu assez et a demandé le divorce. Elle en a souffert, c'est certain. »

Comme pour s'évader d'un sujet trop douloureux, Pierrette raconte la petite fête organisée pour les deux ans d'Olympe et ses quatre-vingt-un ans. Son arrière-petite-fille est « telle que je l'avais rêvée, comme je l'avais demandée à Marion ». L'évocation d'Olympe, du divorce de Marion, de cet anniversaire à deux au cœur du mois de septembre, autant d'événements qui ramènent à d'autres choses. Entre Marine et son père, la guerre est toujours ouverte. Et Le Pen n'a toujours pas pardonné à Marie-Caroline.

Les réunions de famille sont donc toujours amputées des unes ou de l'autre, il faut se résoudre à en faire deux pour un même événement. Pierrette maîtrise à merveille mais sans joie. « Quelle que soit la fête de famille, je ne peux pas inviter Jean-Marie s'il y a Marine ou Caroline, ou les deux. Donc je fais un goûter spécial ensuite, pour lui. Il ne vient jamais avec sa femme. Il n'en est pas question. C'est antinomique. » Elle s'est donné pour mission de remettre tout cela en ordre. Réparer sa famille. « Marie-Caroline et son père, je sens que ça ne va pas tarder. Marine et son père, c'est autre chose. Ils se portent tellement d'amour, depuis toujours. Quand elle était petite, Marine venait se coller tous les matins sur le ventre de son père, comme une bernique. Un peu plus grande, elle ne quittait jamais la maison sans venir l'embrasser longuement. C'était la seule à faire ainsi. C'est une relation à part, un amour profond. Aussi, je me dis que la brouille ne peut pas durer... Jean-Marie ne sera pas toujours là, je veux qu'ils soient réconciliés avant qu'il disparaisse. » Étonnante arrière-grand-mère soudain redevenue mère protectrice. Cette capacité de s'abandonner, voire de s'oublier totalement pour ne plus palpiter que dans les émotions de son enfant. Et de se projeter dans son futur avec tout l'amour du monde.

Cet après-midi encore, l'ex-femme va traverser la cour et l'allée pour rendre une petite visite à son ex-mari. Et reprendre une conversation déjà abordée cent fois. Elle sait que l'espoir est ténu. Ni Marine ni Jean-Marie n'ont envie de céder. « J'aime mon père mais je ne veux plus faire de politique avec lui », dit celle qui fut longtemps la fille modèle.

Elle a trop souffert des petites phrases assassines dont on la jugeait complice, des attaques pendant les réunions du parti. Plus jamais ça, elle se l'est juré. Alors, revoir son père, être libre de l'aimer à nouveau comme elle l'entend, oui, bien sûr, mais rien d'autre. Et cela, Le Pen ne peut l'accepter :

« Tout ce dont il rêve, c'est de refaire de la politique avec Marine ! J'ai essayé de le raisonner souvent, de lui rappeler que sa fille est une Le Pen. "Ce n'est pas une marionnette. Ne t'étonne pas qu'elle ait le même caractère que toi. Elle est ton clone !" Je lui rappelle toutes ses petites phrases qui semblent n'exister que pour faire du scandale et du mal à sa fille… Il rit et balaie ça d'un revers de la main : "Ce n'est pas sérieux." Il n'arrive pas à comprendre que ce genre de plaisanterie ne fait pas rire Marine. Il ne comprend pas non plus qu'il a quatre-vingt-huit ans et que c'est fini pour lui, la politique, les débats, même les polémiques. Il n'a pas vu que la société avait changé. »

Pierrette ajouterait presque que son ex-mari n'a plus sa place dans cette société nouvelle. Elle ne veut pas se laisser emporter jusqu'à blesser. Les blessures, elle connaît, celles qu'on reçoit et celles qu'on inflige. Plus d'amertume, sa troisième vie ne tremble pas. Tout cela se terminera comme dans un roman de van Cauwelaert, pas dans l'univers de Stephen King. Elle soupire, apaisée. Pense à ses derniers combats. Tout à l'heure, elle repartira à l'assaut, ira plaider pour une impossible réconciliation. Impossible ? Qui sait… Elle fera ce qu'elle estime être son devoir de mère. Il est bien mort, le temps des dérobades.

3.

Jeanine et Jean-Luc Mélenchon

Au nom de la mère

Lorsque sa mère s'est éteinte, il a fait le choix d'oublier la date de sa mort. Délibérément. « Elle est partie, voilà tout, mais pas de façon aussi irrémédiable que je l'aurais imaginé[1]. » Certains comptent les années, pas Jean-Luc Mélenchon. Il ne veut se souvenir que d'une belle journée d'été peu avant le 14-Juillet. Jeanine venait d'être emportée par une tumeur au cerveau après six mois d'agonie.

« Elle a souffert, elle était si lasse à la fin. La pauvre, la pauvre… » Jean-Luc Mélenchon interrompt son récit quelques secondes, puis le reprend, cherche ses mots et des souvenirs précis. Il a le souci de ne pas donner une image déformée.

Dans ces moments, il n'est pas tout à fait le politique-candidat Mélenchon. L'habitué des estrades et des formules tonitruantes s'efface devant l'enfant passionné, l'ado reconnaissant, le jeune homme admiratif. Jamais il ne s'est autant confié sur sa mère, jamais il n'a osé parler de la fin de sa vie aussi clai-

1. Entretien réalisé à Paris, le 11 octobre 2016.

rement. De ses dernières heures passées avec elle dans sa chambre d'hôpital bien trop exiguë pour accueillir toute la famille, Jean-Luc Mélenchon garde au cœur les sourires et les regards d'amour de cette femme pénétrée de bonté.

Avant de mourir, elle avait fait promettre à Jean-Luc et à ses quatre frères et sœurs de répandre ses cendres en mer Méditerranée où elle retrouverait sans aucun doute son second mari. La fratrie s'est donc exécutée, s'est réunie sur la plage de Casablanca et a mis à l'eau une barque contenant les cendres de Jeanine. Une embarcation que son fils lui avait rapportée de Bolivie à l'occasion de l'un de ses voyages militants. « Elle a très bien compris de quelle barque il était question. Cette ultime communion intellectuelle entre elle et moi à propos de ce bateau, le regard qu'elle a porté sur moi quand je le lui ai tendu, a permis que se maintienne ce lien délicat, subtil, nullement envahissant, ni traumatisant pour moi. Juste une belle chose. »

Casablanca, c'est une partie de la vie de Jeanine.

D'origine espagnole, née en Algérie, elle y a passé sa jeunesse avec ses parents – François Bayona, naturalisé français après son arrivée au Maroc, et Jeannette Caserta, une Française de Staoueli, en Algérie. À Casablanca, Jeanine était même *Colibri*, membre active des Éclaireuses de France. Pendant la Seconde Guerre mondiale, c'est à Casablanca qu'elle tombe amoureuse de Georges Mélenchon qu'elle épouse après guerre avant de lui donner une fille, Marie-

France, puis un fils, Jean-Luc[1]. Elle y fait aussi ses adieux à son père, enterré en 1956, non loin de la tombe de Marcel Cerdan, avant son transfert au cimetière de Perpignan dans les années quatre-vingt-dix.

De nombreuses années plus tard, Jean-Luc se rendait sur la tombe de son grand-père avec la seule intention de s'y recueillir. Il était accompagné de sa fille Maryline et se retrouva confronté à une étrange coïncidence... La date de décès de son grand-père est identique à sa propre date anniversaire, le 19 août. Un hasard qui pouvait avoir son importance dans une famille un peu superstitieuse... Sa mère ne lui avait rien dit car, « tu sais, il ne faut pas mélanger les événements malheureux et les événements joyeux, ça ne t'aurait servi à rien que je te le dise, sauf à ce que tu t'inquiètes ». Elle avait sans doute raison.

Ce n'est rien de dire que Jeanine est toujours présente dans le cœur de son fils. Elle ne l'a, en réalité, jamais quitté.

Car elle siège en permanence à ses côtés, au sein d'un « aréopage » intérieur constitué au fil des années et que Mélenchon consulte de temps à autre avant de prendre des décisions bien enracinées. Y figurent quelques membres disparus de sa proche famille comme les ombres tutélaires de la gauche historique, Maurice Thorez, Georges Marchais et François Mitterrand, un « exemple ». Il aime l'idée que l'on visite les morts par la pensée et que l'on fasse le tour de ceux qui, éventuellement, pourraient vous reprocher une décision. En les consultant men-

1. Né à Tanger en 1951.

talement, un point de paix et d'équilibre s'établit. C'est sa conviction. Il l'avoue, la présence de sa mère n'est pas obsessionnelle mais bien constante. « J'essaie de l'importuner le moins souvent possible. » L'a-t-il sollicitée quand il s'est présenté pour la première fois à la présidentielle en 2012 ou lorsqu'il claqua la porte du Parti socialiste avant de tracer sa propre route après 2005 ? Secret, silence... Que lui a-t-elle laissé ? Conserve-t-il une trace d'elle dans la poche de sa veste, dans son portefeuille, ou sur son bureau ? Il veut bien répondre mais pas tout dévoiler. Oui, il garde précieusement deux objets confiés par Jeanine. Le premier, elle le lui a offert il avait seulement dix ans. « Vous n'en saurez pas plus, ça ne vous regarde pas. » Le second, plus récent, c'est une chouette en porcelaine posée sur un livre. La sagesse et la quête de sens, tout un programme. Ses biens les plus précieux, ce sont plus encore les photos de ses parents « endimanchés ». Certains soirs, ils allaient se promener sur le boulevard Pasteur à Tanger. Ils mettaient leurs plus belles tenues et se faisaient immortaliser par les photographes de rue. Un vrai défilé de mode.

Il se souvient encore des jolies robes de sa mère, de son collier de perles et sa joie de vivre. « Un personnage rayonnant qui aime faire la fête... » Quelle fierté pour Jean-Luc ! Le jeune garçon a très tôt admiré Georges et Jeanine, ses parents joyeux et aimants, un couple soudé, entreprenant et audacieux. Des pionniers, admire Jean-Luc. Le père a créé avec son grand-oncle, Louis Sépulcre, la station de radio et de télécommunications qui accueille les navires en transit. C'est un créatif qui ne rechigne jamais au travail. Un personnage qui parle fort, « à la Roger Hanin ». « Je suis un modéré à côté de lui. » Jean-Luc a de l'affection pour Louis Sépulcre. Un monument. Un autodidacte fabuleux qui a fait la guerre de 14 comme corsaire.

Institutrice, sa mère a choisi les quartiers pauvres pour enseigner, l'école d'un bidonville en lisière de Tanger. Elle n'imagine pas œuvrer ailleurs qu'aux côtés des plus démunis et ne changera pas sa ligne de conduite toute sa vie. Au moment de prendre sa retraite, elle s'investira sans relâche dans l'aide aux devoirs et à l'apprentissage du français. Une « missionnaire », assure son fils aujourd'hui. « Elle m'a donné les bases d'un socialisme éclairé. » Plus jeune, il n'en a pas totalement conscience. Il retient surtout l'obsession de sa mère pour les pauvres, louable mais parfois lourde à supporter pour de jeunes enfants. Jeanine ne veut rien entendre. Déterminée, elle répète qu'il faut être attentif aux autres, notamment aux plus faibles, avant de l'être envers soi-même. Un combat qu'elle ne cessera jamais, comme celui qu'elle mène pour protéger les animaux.

La place des femmes au cœur de la famille et de la société la préoccupe avant tout. Son investissement n'a rien de superficiel. Au sein de la communauté catholique, Jeanine joue un rôle moteur. Passionnément catholique dans une famille pourtant indifférente à la religion, Jeanine s'engage sans compter. Chez les Mélenchon, on ne plaisante pas avec les traditions : « On faisait tout correctement, pendant le mois de Marie, ma chambre était recouverte de napperons blancs. » Et Jean-Luc est enfant de chœur à l'église Sainte-Marie-Sainte-Jeanne de Tanger. On va à la messe chaque dimanche. Jeanine y tient, c'est sa fierté. Le garçonnet ne se sent pas toujours très à l'aise mais l'ambiance théâtrale, assez magique, l'intrigue. Pendant l'office, il récite les psaumes en latin, « des abracadabras », agite la clochette et porte l'encensoir. Et surtout, admire sa mère qui chante divinement. « J'étais son premier public. » Souvenir enchanteur.

Enfant sage à l'église, mais plus agité une fois à l'extérieur. Ses parents lui ont pourtant demandé d'être à la hauteur et respectueux, de bien travailler à l'école. « J'écoutais leurs consignes mais j'étais aussi très turbulent... » Un jour, le curé avait même sermonné sa mère : « Vous n'en tirerez rien, c'est un révolté. » Jean-Luc sourit, revoit tout cela et ajoute qu'en fin de compte, elle ne lui en avait pas tenu rigueur. Ça la faisait même rire ; au fond elle était assez satisfaite du résultat de son éducation...

Jean-Luc a une personnalité affirmée, il a une liberté de ton, une belle franchise et une pensée claire. Avec ça, il saura toujours se débrouiller, pense Jeanine. Elle encourage chez ce fils, toujours surprenant, la réflexion, la liberté et l'autonomie.

Quand l'institutrice de Tanger est convoquée à l'école car l'élève Mélenchon a été surpris en train de faire des bêtises, elle fait mine de s'étonner, ne comprend vraiment pas qu'on montre son fils du doigt, assure que le directeur se méprend. Pas question de toucher à son petit garçon ! Dans ce Maroc tout juste indépendant, Jean-Luc vit une enfance heureuse et douce. Ses amis sont marocains, espagnols, portugais, français… C'est avec eux qu'il fait les quatre cents coups, va garder les moutons, jouer sur la plage le dimanche entre le cap Spartel et le cap Malabata. Accompagné de sa grand-mère maternelle et de sa mère, il va au cinéma, films de pirates avec l'une, westerns avec l'autre. Les poursuites entre cow-boys et Indiens l'impressionnent. À la sortie, Jean-Luc n'échappe pas au « catéchisme » sur les méchants cow-boys qui tirent sur tout le monde et boivent de l'alcool… « Je suis né défenseur des Peaux-Rouges, ça aura forcément une influence. » Évidemment, il est impensable de jouer à la bataille et encore moins d'acheter un pistolet ou un fusil, le rêve de tous les enfants de son âge. Lui se contentera d'un arc et de flèches, de bouts de bois et de papier. Rien qui le déstabilise tout de même…

Enfance insouciante donc. Jusqu'en 1960 du moins et le divorce de ses parents. Jeanine n'est plus du tout heureuse avec Georges. Fin de l'histoire. Jean-Luc a neuf ans, la cellule familiale explose, son père quitte le Maroc pour l'Algérie avant de gagner la France. La distance s'installe entre les enfants et Georges, ils ne se verront plus que très rarement ensuite.

Pour sa mère, une nouvelle vie démarre. Elle a rencontré un autre homme. Nouvelle famille. À l'époque, divorcer est très inhabituel. Mais Jeanine est libre et audacieuse. « Dans la famille, les femmes sont de toutes les manières très maîtresses d'elles-mêmes. » La grand-mère maternelle de Jean-Luc s'est mariée tard, a quitté l'Algérie pour le Maroc afin de suivre son mari. Et sa grand-mère paternelle est partie d'Algérie de son propre vouloir après avoir été veuve. « Elles se sont toutes construites seules. » De même sa mère. Conséquence immédiate du divorce : « Nous avons été excommuniés. » Jeanine ne peut plus se rendre à la messe... Jean-Luc ressent une violence incompréhensible.

Ce n'est rien comparé au « choc » d'août 1962. Plus qu'un choc d'ailleurs, une rupture, une « faille fondatrice ». Cette année-là, le petit Jean-Luc est arraché à sa terre, ses odeurs, ses paysages. Le couple et les enfants quittent le Maroc pour emménager en métropole. « Ce fut un déracinement. » Le garçonnet en est malade. Le voyage vers Marseille est douloureux et angoissant. Ce choix, il ne le comprend pas. Pourquoi tout laisser ? Contrairement à l'Algérie, le Maroc ne traverse aucune période de violence extrême, d'attentats, de haine. À Tanger, tout est plus calme, plus rassurant, Jean-Luc n'a pas peur. Il le confiera près de trente ans plus tard. « Quand on vit l'expatriation à onze ans, on apprend que la stabilité de la société repose sur un contrat qui peut se rompre à tout moment. » Jean-Luc reviendra à Tanger en août 1971, il a tout juste vingt ans. Il part avec des copains et fait du stop pour retrouver sa ville natale. Quelle émotion !

En ce mois d'août 1962, Jeanine ne cache pas non plus son angoisse à l'idée de tout quitter et de démarrer une autre histoire ailleurs, loin de son environnement, mais elle est confiante. Elle le répète à ses deux enfants le jour de leur arrivée à Marseille à la gare Saint-Charles. Quelle cohue ! Sur les quais, des milliers de pieds-noirs en souffrance. Eux, que viennent-ils faire là ? Que vont-ils devenir ? Jean-Luc ne le sait pas. Pas plus qu'Arthur, son canari, qui s'agite dans la cage que lui a confiée sa mère. « L'oiseau était affolé. Moi aussi. Je m'imbibais de sa panique. Elle m'a peut-être contaminé à vie, ce jour-là. » Direction la Normandie, la Seine-Maritime, Elbeuf, Saint-Aubin-lès-Elbeuf, Yvetot, le pays de Caux… Un monde terrifiant, grogne Jean-Luc. « Une déportation », ose-t-il, pour décrire le chaos chez un enfant de onze ans que l'on a arraché à son école, à ses amis et au soleil. Cette année-là, ils vivent dans un grenier. L'hiver est rude. Jean-Luc et sa famille découvrent la neige, la glace et, plus que tout, l'accueil rugueux des habitants du pays de Caux. Les Marocains de Tanger deviennent rapidement des « horsains ». Bref, des étrangers. Il faut dire, par ailleurs, que l'adolescent fait sensation dans la cité avec ses culottes courtes et ses chaussettes blanches propres remontées jusqu'aux genoux. Dans la cité, il devient la cible de toutes les moqueries, on l'insulte, le traite de « bicot », de « bougnoule ». L'intégration se passe mal. Il a conscience que les gens ne les aiment pas. C'est un choc. Violent. Sa surdité de naissance, héréditaire, n'arrange rien. Il a toujours l'air d'être dans la lune, de ne pas comprendre. Aujourd'hui encore, il surprend pas mal de gens qui le trouvent distrait. Et puis comme tous les malentendants, il a tendance à parler fort. Pour se faire respecter, il devra montrer les muscles, lui qui n'en a pas.

À force de coups de poing, de pied et de tête, il jure s'être fait une place. Au Maroc, il avait tellement idéalisé la France que cette première immersion en Normandie l'effraie, le repousse, le rend triste. Jean-Luc ne peut pas croire que sa vie dans le pays de Caux est à l'image de ce qu'est la France. « Absolument exotique, c'est ça, c'était radicalement exotique, on n'avait jamais vu ça, ni autant d'alcoolisme, ni autant de gens surpris d'avoir des toilettes à l'intérieur de la maison. » Cette nouvelle vie déroute Jean-Luc, mais elle enchante sa mère. Tout ce qui est incongru et nouveau l'amuse beaucoup. Elle ne jure que par l'optimisme. Elle rit, découvre avec plaisir les terres normandes, s'engage tout autant dans ses combats. « Ma mère se radicalise petit à petit. Un christianisme radical, option préférentielle pour les pauvres, avant l'heure et contre tout. » L'expérience durera cinq ans avant que la famille n'atterrisse à Lons-le-Saunier dans le Jura, au pays du fromage et des vaches à tous les coins de champ. Le grand air, et une terre d'adoption agréable.

La famille s'agrandit, l'aînée, Marie-France, a quitté la maison, Jean-Luc devient le grand frère d'une deuxième fratrie, fruit du remariage de sa mère. Le tempérament des Jurassiens lui convient parfaitement. Ni expansifs, ni envahissants, ni trop distants. D'une humeur constante très plaisante. C'est ici que Jean-Luc décroche son baccalauréat. Premier bachelier de la famille, il doit à présent choisir une orientation. Professeur de philosophie, voilà ce qu'il veut faire, après avoir accumulé les petits boulots – homme de ménage, manœuvre sur un chantier, pigiste pour le journal *Le Progrès*... Jeanine l'encourage. Elle est ravie. À ses proches, l'institutrice autodidacte confie souvent être impressionnée par la culture et le savoir de son fils. Tous le considèrent comme « l'intellectuel » de la famille. Ses parents y ont contribué peut-être sans le savoir. Régulièrement, ils lui ont acheté des collections entières de livres. « Ça te servira un jour, tu verras », répétait Jeanine. On y est.

Au lycée, l'élève Mélenchon a dévoré les classiques, s'est plongé avec frénésie dans l'apprentissage du latin. Il quitte Lons-le-Saunier pour Besançon, se marie et devient père à vingt-trois ans. Le voilà casé ! Jeanine et son époux sont soulagés. Ils peuvent poursuivre leur périple, leurs voyages et leurs découvertes. C'est à ce moment-là que Jean-Luc se lance dans la politique. Sa mère observe ses premiers pas avec intérêt. Comme un apostolat plus qu'une carrière. Elle y voyait un véritable engagement, le prolongement de ce qu'elle lui avait inculqué. Jeanine soutient sa démarche, évidente et logique. Catégorique, Jean-Luc ne se souvient pas d'un seul désaccord avec sa mère sur un sujet politique. Elle a des convictions, et les assume, comme cette fois où elle manifeste contre la loi Falloux en 1994, et l'idée d'un financement public par les collectivités territoriales des établissements privés. Une première. Pour l'occasion, elle a acheté une paire de baskets pour défiler confortablement.

Lorsqu'en 2000, on propose à Jean-Luc d'entrer au gouvernement, il hésite. Quel maroquin serait le plus utile ? À Jeanine, il fait part de sa conversation avec le Premier ministre Lionel Jospin qui lui a proposé de devenir ministre. « Ministre de quoi ? » le questionne-t-elle. « De l'Enseignement professionnel », répond son fils. « C'est bien ça, ils ont besoin de toi. » Ça l'a convaincu d'accepter la proposition de Jospin. Une seule fois, Jeanine rendra visite à son fils au ministère. Il n'est pas peu fier qu'elle ait accepté son invitation. « C'est joli ici », lui fait-elle savoir avant de s'éclipser pour retrouver ses amies croisiéristes avec qui elle partage désormais une grande partie de son temps. Admiration toute en retenue… Jamais la mère n'importunera le fils dans ses fonctions électives.

La seule faveur jamais sollicitée est de disposer d'une place à la tribune lors du 14-Juillet. Quand on a un fils membre du gouvernement, on peut bien en profiter un peu… Elle en rêvait depuis si longtemps. Pas pour figurer auprès des ministres et des représentants de l'État, mais pour avoir le plaisir de suivre ce qu'elle considérait comme un événement majeur. À Casablanca, la jeune Jeanine avait participé à tous les défilés aux côtés de son père. La famille était génétiquement patriote, d'un patriotisme exalté, célèbre pour son attachement fanatique à la République, au drapeau et à *La Marseillaise.* Lorsqu'en plein repas, elle retentissait à la radio, tout le monde devait se lever, sans la moindre exception. Le grand-père de Jean-Luc n'aurait accepté aucun manquement. Son père non plus, lui, ancien enfant de troupe à la base aérienne de Rochefort, séparé de sa famille à seize ans pour servir dans l'aviation. Chaque fois qu'il entend l'hymne national, le leader du Front de gauche et candidat à la présidentielle ne peut s'empêcher de penser à sa mère. Il imagine sa réaction s'il lui annonce, qui sait ?, sa victoire en mai prochain. À la tribune présidentielle, lors du défilé du 14-Juillet, elle sera son invitée d'honneur, en son for intérieur. Comme une promesse tenue.

4.

Monique et Jean-François Copé

La mère Méditerranée

Monique, la mère, et Jean-François, le fils, ont longtemps partagé un drame secret que l'on pourrait appeler un pacte de cœur si ce n'était la crainte d'un jeu de mots équivoque. Aujourd'hui, quand ils en parlent, ils évoquent « le pire comme le meilleur », le « trou noir et la renaissance lente mais déterminée[1] ». C'était il y a près de trois ans déjà, mais le temps n'a pas gommé les blessures et les souvenirs. Ces cicatrices sont profondes, elles ont longtemps empêché les Copé de dormir paisiblement, de retrouver la sérénité d'antan. Car, quoi que l'on fasse, les traumatismes peuvent détruire. Ils ont secoué toute la famille, auraient pu tout emporter sur leur passage. Jean-François l'avoue volontiers, ils ne voyaient plus la fin du tunnel. Surtout après le choc. Le premier, le plus violent, lorsque Monique a été conduite à l'hôpital pour une attaque cardiaque qui pouvait être mortelle. Le sol s'est dérobé sous ses pieds. « Là, je me suis dit, on va tous tomber. » Sa mère, si forte,

1. Entretien réalisé à Paris, le 11 septembre 2016.

si énergique, si exemplaire aussi, luttait pour la vie dans le service de réanimation d'un hôpital parisien. Dévasté, le clan Copé se relaie à son chevet. Il faut tenir, ne rien lâcher. Pour elle, pour eux. Ça va aller, c'est certain. L'ancien président de l'UMP s'en convainc au moment de rejoindre l'Assemblée nationale ce matin du 27 mai 2014 pour faire face à ses détracteurs dans un huis clos féroce. Haineux, ajoute-t-il froidement. Ils sont tous là, ils veulent sa tête. Le mérite-t-il ? Aux juges de le prouver. Nathalie Kosciusko-Morizet, Xavier Bertrand, Jean-Pierre Raffarin et tous les autres caciques du parti réclament sa démission. Les révélations sur la tentaculaire affaire Bygmalion dans la presse ont scellé le sort de Jean-François Copé.

Un peu plus tard, sur le plateau du JT de TF1, le député-maire de Meaux jette l'éponge. Il renonce à ses fonctions, se met à l'écart tant que son cas ne sera pas réglé. Mais il n'oubliera rien. Les trahisons de ses collaborateurs, les revirements des amis de trente ans, les éditoriaux « vengeurs ». Cette phrase surtout du journaliste Franz-Olivier Giesbert : « C'est très bien, Copé va retourner dans les égouts, c'est sa place. » Jean-François est anéanti. Ce soir-là, il a tout perdu et il a été sali, en plus. « J'ai eu l'impression d'être dépossédé de tout, mes responsabilités, mon honneur, peut-être mon avenir. »

Perdre sa mère aussi. Il sait qu'elle se bat « de manière incroyable », qu'elle fait preuve d'un « grand courage » et d'un « héroïsme exemplaire ». Mais Jean-François a eu peur, il a peur, il aura peur longtemps. Et ce n'est pas une affectation. Il ne joue pas, on est dans la vraie vie, celle qui ne pardonne rien. Le politique rompu aux ficelles de l'hypercommunication est touché, blessé par « l'épreuve douloureuse » qui frappe le clan. « On a pris cher. »

Mais comme dans toutes les familles soudées et fusionnelles, l'épreuve rassemble et fait souffler chez les Copé un véritable esprit guerrier. Contre la « double peine », ils s'accrochent autour d'un objectif, le seul et unique : revenir du pays des cabossés et de celui des convalescents. Monique et Jean-François s'en font la promesse. Ils s'en sortiront, s'en relèveront, ils feront taire les rumeurs, les quolibets et les questions sur leur capacité à continuer leur chemin. Il faut, dans ce marasme vertigineux, trouver des ressources inouïes. « Nous sommes allés les chercher dans les profondeurs de nous-mêmes, au cœur de la famille, pour tenir. Notre remontée des abîmes s'est faite de façon parallèle, patiemment, en regardant vers l'avenir. » Et en considérant que rien n'est impossible. Réhabiliter son honneur, voilà ce qu'il veut d'abord. Jean-François y tient. L'ex-patron de l'UMP l'a promis pêle-mêle, aux électeurs, aux militants de droite, aux adhérents du mouvement. Mais il le veut surtout pour ses plus proches. Sa femme Nadia, épousée en 2011, soutien indéfectible. Elle n'a jamais douté. Elle l'a vu « blessé par l'injustice », mais jamais découragé. « Quand j'épouse un homme, j'épouse ses convictions. C'est une épreuve de la vie, mais il se bat comme un lion. » Ils n'ont pas de secrets l'un pour l'autre.

Depuis le temps qu'ils se connaissent ! Leur première rencontre en Corse remonte à très longtemps, quand ils avaient respectivement dix-huit et vingt ans. Leur aventure a duré un an. Happé par ses rêves de pouvoir, ses ambitions politiques qui ne laissent pas, pense-t-il, place à d'autres considérations, Jean-François la quitte un jour, disparaît de sa vie. Dans les années qui suivent, chacun se marie de son côté, fonde une famille. Ils se sont mutuellement oubliés, mais pas pour toujours. Ils vont se retrouver vingt-cinq ans plus tard. Lui a divorcé, elle a traversé un drame, son époux s'est suicidé après une dépression très grave. L'amour est toujours là. Sans doute plus fort pour avoir survécu. Jean-François divorce pour pouvoir épouser Nadia. Il a trois enfants, elle en a deux et ils en ont un en commun.

Pour les six enfants de leur famille recomposée, François-Xavier, Pierre-Alexis, Faustine, Raphaëlla, Jean et Lucas, il n'a pas flanché. Avec ses filles, il continue de partager le goûter une fois par semaine. Il est fier de le souligner. Éprouvés mais dignes. « Papa, tu es le meilleur, je t'aime », lui a écrit François-Xavier quelques heures après le journal télévisé.

Pour ses parents, Roland et Monique, il ne s'est pas « dérobé ». Ils ne l'auraient pas accepté. Car on se remet toujours des trous d'air et des échecs, des déconvenues et des faiblesses, lui répète Monique, que tous dans la famille, à commencer par les petits-enfants, surnomment *Mum*. Mamie, ça fait plan-plan… Pas assez dynamique à ses yeux, pas assez dans le mouvement. *Mum* a toujours cru en sa bonne étoile, à celle des siens. Roland aussi, qui se fait appeler *Daddy*, « et pour les mêmes raisons… ». C'est la marque de fabrique des *winners*. Celle des Copé, qu'ils revendiquent avec fierté. Comme Zorro juché sur son fidèle Tornado, dont la figurine offerte par sa mère trône sur le bureau de Jean-François. Un cadeau choisi méticuleusement pour fêter la nomination de son fils aîné dans le gouvernement de Jean-Pierre Raffarin en 2002. Il a alors trente-huit ans. « Je veux que tu aies Zorro près de toi. Il a deux caractéristiques, d'abord, il lutte contre les injustices, et tu sais ce que ça veut dire dans notre famille. Ensuite, il remonte à tous les coups sur son cheval ! »

La statuette n'a jamais quitté les bureaux successifs de Jean-François, de l'Assemblée à la mairie de Meaux, du siège de l'UMP aux ministères qu'il occupa tout au long du quinquennat de Jacques Chirac. Zorro a veillé sur lui. Le héros masqué incarne la pugnacité et le courage, deux valeurs portées en bandoulière chez les Copé. Plus qu'un programme éducatif, une règle de vie qui structure les trois enfants, Jean-François, Isabelle et Jean-Fabrice du couple Roland Copé-Monique Ghanassia. À Paris, dans l'appartement du très chic XVIe arrondissement, les parents élèvent les adolescents autour d'idées simples mais sans équivoque : on ne se laisse pas marcher sur les pieds, on ne baisse pas les yeux, on avance droit devant, on va le plus loin possible, on réalise ses rêves ! Une force de caractère que le couple transmet, à forte dose, fruit de l'histoire personnelle commune de Roland et Monique.

Lui, le juif ashkénaze roumain qui a fui les rafles antisémites et a échappé à la traque des nazis dans les maisons d'Aubusson en novembre 1943. Il a été sauvé par une famille de Justes, les Léonlefranc. Émilie, l'épouse du tapissier, a ouvert la porte à une famille qu'elle n'avait jamais vue, les Copé. Il y a là Roland, treize ans, et ses parents, Marcel, le médecin, et Gisèle. Émilie demande à Roland de se mettre au piano et de se faire passer pour son fils. À Marcel et Gisèle, elle fait signe de se cacher sous le lit. Aux officiers SS qui frappent à sa porte un peu plus tard, la jeune femme répondra avec un tel sang-froid que les Allemands inspectent à peine l'appartement. Ils sont repartis, épargnant les Copelovici, qui prendront le nom de Copel en 1951 puis celui de Copé en 1957. Sauvés miraculeusement de l'enfer de la déportation, ils voueront aux Léonlefranc une reconnaissance éternelle.

Monique, juive sépharade qui a grandi en Algérie, a une autre histoire même si elle doit aussi la vie à un miracle. Elle aurait dû mourir en 1954 dans les rues d'Alger. Un simple mais bienheureux oubli l'a sauvée. La jeune fille était remontée prendre son sac à l'appartement. Dans l'intervalle, une bombe explosait dans la rue. À l'endroit même où son amie l'attendait. L'attentat de trop pour les parents de Monique qui décident de rejoindre la France. Direction Nice puis Paris. L'accueil est rugueux, brutal même. « Ma mère a connu le racisme à son arrivée en France. » L'adolescente se souviendra longtemps des humiliations et des moqueries sur son accent et le « français qu'elle ne parlait soi-disant pas correctement ».

L'exil meurtrit à jamais la famille Ghanassia qui ne retournera d'ailleurs jamais en Algérie. D'ailleurs, comme pour mieux tirer un trait sur cette partie de leur vie, ils fuyaient tout ce qui pouvait faire office de souvenirs… « Mes grands-parents, par exemple, ont toujours refusé de regarder le film *Le Coup de sirocco.* » Ils resteront pourtant nostalgiques de leur vie à Alger où les grands-parents maternels de Jean-François possédaient plusieurs salles de cinéma rue Michelet, Le Versailles notamment. C'était leur grande fierté. Combien de fois l'adolescent les a-t-il entendus parler de ce cinéma ? Probablement des centaines ! « Lorsque je me suis rendu à Alger comme ministre, j'ai demandé au président Bouteflika s'il pouvait m'organiser une visite au Versailles. J'imaginais un établissement imposant sur une grande avenue. On en était franchement très loin… »

Comment oublier ces années au cours desquelles les vies d'enfant de Roland et Monique ont basculé ? Plus tard, leurs enfants ont dû assumer ces souvenirs, les traumatismes qu'ils renfermaient, les peurs qu'ils contenaient, jamais tout à fait disparus. « Isabelle, Jean-Fabrice et moi-même avons grandi avec cet héritage, si lourd à porter, c'est vrai, et à la fois si fédérateur, il a construit notre enfance, et beaucoup plus. » Tandis qu'à d'autres bambins, les parents racontent *Le Petit Chaperon rouge,* le soir avant d'aller se coucher, les Copé ont droit à l'histoire familiale. Mille fois, Roland est revenu sur les racines algériennes et roumaines des Copé-Ghanassia. Mille fois, le père de Jean-François a répété : « Ne laissez jamais dire par personne que la France est raciste ou antisémite. Parce qu'il y a eu des salauds, mais il y a eu aussi des Justes ! Des Justes ! » L'histoire marque tellement le petit Jean-François qu'il choisit, alors élève de CM1, de faire un exposé sur l'ascension du nazisme. L'initiative interloque l'institutrice qui convoque Monique à l'école pour avoir une explication. Celle-ci parle donc de la France sous l'Occupation, d'Alger, de l'oppression, des origines juives de la famille. La religion est peu présente à la maison. La tradition est respectée chez les grands-parents, les fêtes sont célébrées, mais chez Monique et Roland, on ne pratique pas. On ne renie pas sa judéité mais on ne la revendique pas non plus. Jean-François restera longtemps très discret, pour sa part. Trop discret peut-être pour ses proches. Il n'en parle pas. Comment peut-on cacher que l'on est juif tout en disant que ses parents le sont ? Il assure ne s'en être jamais caché. Simplement, il n'en parlait pas. Il n'avait rien à en dire. « Ça n'avait tout simplement pas de place dans ma vie », élude-t-il. Et de rappeler que sur leurs épaules, les enfants de Monique et Roland, Jean-François, Jean-Fabrice et Isabelle, portent un lourd héritage. « Être nés de deux miraculés, ce n'est pas commun. Avoir de tels parents, ça vous forge un futur. Et ça laisse peu de place au passé. Il faut aller de l'avant. On ne pouvait pas transiger avec les valeurs. Le goût du travail, l'amour de la France, la tolérance, ça a été notre fil rouge, notre ADN. »

Pour leurs enfants, Roland et Monique visent l'excellence. L'aîné, Jean-François en sait quelque chose, qui fera l'objet de toutes les attentions maternelles. Monique ne laisse rien passer. Le verbe « échouer » a été banni de son vocabulaire. « Travaillez, travaillez », insiste-t-elle. Elle a poussé Jean-Fabrice à apprendre le japonais quand il avait cinq ans. Elle a aussi inscrit Jean-François à l'école bilingue de Paris avec l'obligation de sortir premier. Lorsque le jeune garçon rentre un jour à la maison avec une note médiocre en dictée, la mère sonne la mobilisation générale et impose à son fils une heure de révision supplémentaire tous les jours pendant plusieurs semaines quand la famille dort encore. Convaincue qu'il doit parfaitement parler l'anglais, Monique décide d'envoyer son fils en Californie pendant deux mois. « J'avais à peine dix ans... J'ai pris l'avion tout seul. » Jean-François a conscience que sa mère fait ça pour son bien et son avenir, mais, adolescent, on rêve d'abord de profiter de ses copains de classe ! « Sortir le soir ne m'a jamais été interdit. Mais le pouvoir de dissuasion de ma mère était tel que je décidais de moi-même d'y renoncer. Elle me disait : "Franchement, que veux-tu pour ta vie ?" Ça calmait toute envie... » Monique ne s'oppose pas à son fils, elle le sensibilise aux dérives et aux malheurs. « Contre le tabac, j'ai eu droit aux radios des poumons. Et je ne parle pas de l'alcool ! Mieux, avant que je puisse m'imaginer conduire un scooter, elle organisait une visite à l'hôpital de Garches parmi les accidentés de la route. »

Sa mère veut le meilleur pour son fils chéri. Quand, à l'âge de dix ans, Jean-François Copé annonce qu'il sera un jour président de la République, ses parents ne doutent pas de la pertinence de son propos et encore moins de sa volonté qui le mènera jusqu'à l'Élysée. Pourquoi en serait-il autrement d'ailleurs ?

Ils décident de consacrer leur vie à son dessein. Très tôt, Monique le hisse sur un piédestal. Jean-François s'est tout de même vu offrir une panoplie de Napoléon alors qu'il était encore enfant. Copé l'avoue, « de ma petite enfance jusqu'à l'ENA, j'ai toujours entendu dire à la maison que j'étais le meilleur ». Difficile de penser l'inverse quand votre mère se met à crier sur tous les toits que son fils est plus fort que tout le monde. Le jeune homme n'en a jamais douté et a fini par se montrer arrogant, ambitieux et cynique. C'est une pression supplémentaire que de justifier tant de prétention, ça vous change aussi un caractère. Longtemps, Jean-François paiera les excès d'amour de sa mère par des rebuffades et des jugements définitifs sur sa personne. Il a certes reconnu avoir conscience de ses comportements outranciers, mais son attitude a choqué plus d'une fois. Quand il épouse sa première femme, Valérie Ducuing, en 1991, Jean-François accueille ses invités d'une phrase qui en dit long : « Vous avez de la chance, vous êtes au mariage du futur président de la République. » L'anecdote fait vite le tour de Paris où l'on se moque franchement. Depuis son entrée dans la vie politique, Monique est l'une de ses plus ferventes supportrices. Si elle n'a jamais exprimé le moindre désaccord sur son engagement, elle ne s'interdit pas pour autant de lui faire des remarques après une émission télévisée. « Je reçois parfois des textos de vingt-cinq lignes, sans compter ceux de ses copines. Elle réagit à ce que j'ai dit, me fait part de ce que ses voisins ou proches ont pensé de l'interview. Elle ne rate rien. » Ainsi, quand le député-maire de

Meaux a annoncé sa candidature à la primaire de la droite, au Cannet, chez son amie Michèle Tabarot, en août 2016, sa mère figurait au premier rang pour soutenir sa démarche. Son père, Roland, fait preuve de la même ardeur, peut-être moins excessive, encore que… En 2002, quand Jean-François intègre le gouvernement, Roland ne cache pas sa déception. « Tu as eu quoi ? Les Relations avec le Parlement ? C'est nul. » Contrairement à Monique, qui est sans filtre, Roland dissimule souvent sa fierté sous des mots bourrus. Les deux hommes s'appellent tous les jours. « J'ai été imprégné d'amour, j'ai grandi dans une famille joyeuse, animée d'un profond désir de nous rendre heureux. »

Les Copé sont soudés. Ils n'apprécient rien d'autre que de vivre ensemble. Avec Isabelle et Jean-Fabrice, sa sœur et son frère, Jean-François partage des souvenirs de grande complicité, à Paris comme dans leur maison de campagne à Gambais dans les Yvelines. La vie y est agréable. Les enfants ont chacun leur potager. Quand Jean-François ne travaille pas sur ses maquettes d'avions et de bateaux, il organise des chasses au trésor ou imagine des spectacles avec sa sœur. Isabelle imite Dalida avec une perruque et le frangin fait un Gigi l'Amoroso ébouriffant. Ils sont encouragés par Monique qui aime rire. Originale, audacieuse, elle les invite à aller plus loin. C'est elle qui poussera Jean-François à persévérer dans la musique et le piano. Avec ses petits-enfants, Monique reproduit le même schéma, elle les entoure de son amour, profite de leur présence au maximum. Chez les Copé, on aime faire la fête. C'est de famille.

Gisèle, la grand-mère, décédée en 2014 à l'âge de cent cinq ans, était une artiste. Elle jouait du piano et chantait avec une très belle voix. Une histoire mythique circule dans la famille : à l'âge de cinq ans, on l'a assise sur les genoux de Mistinguett ! Jean-François adorait Gisèle qui avait pris l'habitude de venir dîner tous les jeudis à la maison autour des six enfants. Son fils Roland a de qui tenir ! Lui aussi est un artiste. Célèbre proctologue, il joue parfois la comédie à ses heures perdues. Il a eu une carrière. On l'a vu à la télévision dans *La Chartreuse de Parme*, dans *Pétain* ou dans *La Rafle*, mais également sur les planches. À la maison, la porte restait ouverte pour les amis, les artistes et les comédiens, parfois jusqu'au milieu de la nuit. Parmi les habitués, Rosy Varte, Jean Poiret, Francis Blanche, Robert Hirsch ou Roger Carel, parrain d'Isabelle, rassemblés autour des époux Copé qui les initiaient au tango argentin, leur grande passion. Sous le regard admiratif et tendre de leur fils qui n'a pas assez de mots pour les assurer de son éternelle reconnaissance.

Demain, il remontera à cheval, non sans avoir d'abord lancé quelques imprécations contre ses cibles favorites. On dit que les mères ont la force du pardon. Les fils n'ont pas toujours cette générosité envers ceux qui ont terni leur image aux yeux de leur maman.

5.

Colette et Nicolas Dupont-Aignan

Les reflets de la mère

Depuis quelques mois, Colette ne reconnaît plus Nicolas. Elle a quatre-vingt-seize ans et les « absences » se font plus régulières. Mais son âge n'y est pour rien. Lorsque son fils vient lui rendre visite dans l'appartement parisien, elle ne parvient plus à mettre un prénom sur le visage de l'inconnu qui se penche vers elle pour l'embrasser. Elle a Alzheimer, c'est vite dit mais ça fait mal. C'est aussi une épreuve pour un fils. Qu'il garde bien cloîtrée. Nicolas n'évoque guère la maladie de Colette en dehors de la cellule familiale. Son épouse Valérie et ses deux filles Victoire et Sixtine savent et font front avec lui, c'est tout. Il n'y a là ni mauvaise pudeur, ni goût du secret, évidemment, juste un besoin évident de garder son chagrin pour soi et de préserver aussi la dignité de sa mère. Nicolas se sent plus fort ainsi, à ne pas montrer que la maladie de sa mère le mine. Ses larmes, quand il est confronté à l'enfermement progressif de Colette, il les garde pour lui. Cette maladie est un monstre. Elle ne détruit pas que sa victime, elle détériore ceux qui l'entourent. C'est une déchéance, une atteinte à l'individu, un crime contre l'esprit. Et à la fin elle tue.

Alors, il faut se battre contre le temps qui disparaît, la conscience qui fuit, les moments de lucidité qui sont de plus en plus courts. Nicolas sait que la maladie est en train de lui enlever sa mère. Il lui faut se battre pour retarder l'échéance, garder quelques morceaux de vie dans cet écroulement. Chaque semaine, pour ne rien regretter plus tard, pour avoir la certitude qu'elle continue de vivre tant qu'elle respire, il lui consacre du temps. Entre les séances à l'Assemblée nationale, les conseils municipaux, les réunions publiques et les déplacements dans le cadre de la campagne présidentielle, le député-maire de Yerres, dans l'Essonne, retrouve Colette. Et par la même occasion son père, Jean-Louis, quatre-vingt-dix-neuf ans, lourdement handicapé. Qui subit la vie depuis longtemps, et ne peut plus grand-chose aujourd'hui, ni pour sa femme ni pour lui-même. Nicolas les a installés dans un appartement parisien, avec des aides à domicile.

Drôle d'idée, à une époque où l'on évacue très vite les malades âgés vers une maison médicalisée. Lui n'a pas voulu s'arranger avec sa conscience. En plus, les réunir on ne peut plus intimement dans ce petit appartement alors que s'amorce leur toute fin de vie, c'est une forme de pied de nez à une longue histoire. Les époux ont été si éloignés l'un de l'autre pendant toute une partie de leur vie.

Dès l'enfance, Nicolas a compris que ses parents n'étaient pas un couple uni. Il en a été un peu attristé et puis il s'est fait à l'idée. De toute façon, son père voyageait tout le temps, rentrait rarement, et quand il rentrait, les sourires n'étaient pas de mise. Morosité, mais rien de grave. « Père absent et sur les routes, mère aimante et à la maison[1] », résume-t-il. Il en plaisante aujourd'hui. On sent que c'est pour donner le change. Les Dupont ne s'entendaient pas, comme quoi les absences n'arrangent pas tout. Pudiquement, Nicolas évoque des « difficultés relationnelles », pas toujours évidentes à analyser pour un petit garçon. Elles sont déjà bien difficiles à vivre, alors, s'il fallait en plus les décortiquer… C'était d'autant plus amer, pour l'enfant, que ses frères étaient déjà partis de la maison. Rien à espérer de ce côté. Soit il passait les soirées et dîners en tête à tête avec maman, soit papa était là et c'était pire. Les silences, la tension qui monte, un accrochage soudain, et puis à nouveau le silence. À cette époque, dans les années soixante-soixante-dix, on ne divorçait pas. On se supportait tant bien que mal, tout en laissant passer les orages et les crises ponctuelles. Ou bien, chacun vivait de son côté. C'est ce que Colette et Jean-Louis ont préféré faire. Ils se sont pourtant aimés. Avant. Longtemps avant. Jean-Louis, courtier en vins, ancien chasseur alpin qui a participé à l'expédition de Narvik, en Norvège, en 1940, avant d'être fait prisonnier en Allemagne et de s'évader. Colette, l'artiste, « l'iconoclaste », fille de vignerons et de marchands de vin originaires de Châlons-en-Champagne, de l'Aveyron et d'Estaing, là où l'ancien président Giscard avait des ancêtres.

1. Entretien réalisé à Paris, le 26 décembre 2016.

De cette union, sont nés trois fils : Alain en 1945, Yves en 1949 et « le petit dernier », Nicolas. Quand il voit le jour en 1961, son père est tout juste âgé de quarante-cinq ans, sa mère de quarante. « Ce n'est pas si fréquent », reconnaît-il. Son enfance est parisienne, sa scolarité également.

Élève au sein de l'établissement privé La Rochefoucauld dans le VIIe arrondissement, il bénéficie d'une éducation bourgeoise classique, « sérieuse, stricte, rigoureuse ».

On ne roule pas sur l'or chez les Dupont, la plupart du temps, on est obligé de compter chaque sou, chaque dépense, pour s'en sortir tout juste. Faire commerce dans le vin n'est pas toujours gratifiant et en plus, ça ne rapporte pas tant que ça. Des journées dures, qui n'en finissent pas, et des fins de mois jamais reluisantes. Colette est une artiste. Elle peint, travaille dur, n'est pas dénuée de talent, mais c'est une activité qui ne permet pas de gagner sa vie. Cela représente tout juste un apport au budget du foyer. Ce qui n'est au fond pas si mal. « Nous étions une famille bourgeoise désargentée. » Les parents sont prêts à beaucoup de sacrifices, ils tiennent à ce que les enfants fassent des études « le plus loin possible ». C'est quelque chose qui a marqué Nicolas. Cette dignité de parents qui mettent en avant, très loin devant leurs autres préoccupations, l'avenir de leurs enfants. Il a retenu la leçon pour lui, pour l'avenir. Il a compris aussi que l'amour se situe là, le plus souvent, dans ce genre de comportement plus que dans des mots et autres démonstrations tapageuses.

C'est à l'école maternelle que Nicolas, né Dupont, devient Dupont-Aignan. « J'ai pris le nom de jeune fille de ma mère car il y avait deux Nicolas Dupont dans la classe où j'avais été admis au tout dernier moment à la rentrée. » C'est d'ailleurs Colette qui suggère au professeur de « coller » Aignan à Dupont. Cela n'est pas grand-chose, il y voit pourtant un symbole. C'est, pour l'enfant, une manière de signifier au monde extérieur la relation très forte qui l'unit déjà à sa mère. Il est le troisième enfant de la famille, le petit dernier. D'ailleurs, son frère aîné a quitté la maison très tôt pour suivre des études d'ingénieur, et la différence d'âge avec le cadet est de douze ans. Un monde. Il arrive donc ce qui arrive dans ce cas, Nicolas est éduqué comme un fils unique. Ça peut être confortable, voire douillet. Il est tout à sa mère qui l'entoure de beaucoup d'amour, certes, mais sans effusions particulières. Ce n'est pas le genre de la famille. Surtout, Colette est très attentive à ne pas élever cet enfant tardif dans un cocon, ce qui serait le pire service à lui rendre, bien sûr.

Parce qu'elle aime son fils et qu'elle lui découvre chaque jour de nouvelles qualités, elle veut le préparer à une vie ardente. C'est aussi pour cela qu'elle ne se montre guère démonstrative, mais « je savais qu'elle m'aimait, je le sentais dans toutes ses attitudes ». Là aussi, les mots sont inutiles. Ce sera plus tard une force de Nicolas, ne pas douter de lui ni de son destin, parce qu'il n'a jamais douté de l'amour de sa mère. « Elle m'a élevé, m'a fait grandir, elle m'a construit et m'a appris tout ce que je sais, tout ce que je suis. » Artiste mais aussi femme au foyer, comme on disait alors, Colette prend en charge l'éducation morale, culturelle et artistique de son fils. Elle est douce, sensible, patiente, à l'écoute et attentive à ses enfants comme aux autres.

Quand elle ne s'occupe pas de son fils, elle passe ses journées à peindre et à réaliser « surtout des collages », qu'elle ne vend pas beaucoup, malheureusement. Mais elle continue. Elle croit à ce qu'elle fait et c'est un bonheur de le faire, alors pourquoi laisserait-elle tomber ? Cette harmonie, c'est encore un message subliminal envoyé à son fils, « Fais ce que tu aimes et fais-le bien, tu seras heureux ». Il a goûté l'allégorie. Parfois, la maison ressemble à un cabinet de lecture. En grandissant, Nicolas a pris l'habitude de lire énormément, on pourrait presque dire tout le temps. Il a de qui tenir. Colette a toujours été une grande lectrice. Longtemps, elle lisait la nuit, quand son temps n'était plus compté. Nicolas ayant peu à peu moins besoin d'elle pour l'aider dans son travail ou pour l'accompagner à ses activités, elle se laisse aller à sa passion en pleine journée. Généralement, le soir, quand elle a fini de peindre. On la trouve le plus souvent assise dans un fauteuil en train de dévorer un roman, un classique de la littérature, ou la correspondance de George Sand, qu'elle apprécie par-dessus tout. Lire, ce bonheur toujours renouvelé de certains adultes, qu'ils communiquent parfois aux enfants. Nicolas a attrapé le virus et il est tout heureux, presque surpris, de se retrouver une fois encore en phase avec sa mère. Bien sûr, on se demande comment il aurait pu y échapper, mais il ne se pose pas la question. C'est un signe de plus, c'est tout. Il interroge Colette sur ce qu'elle a lu à son âge, ce qu'elle a aimé, il lit à son tour, ils en parlent, échangent pendant des heures. Le bonheur de la lecture est accru quand il est partagé avec quelqu'un qu'on aime. Cet engouement est favorisé en ces années d'avant Internet dans la mesure où il existe moins de distractions et que les pôles d'intérêt sont limités. Le cinéma, le théâtre, les concerts ne sont pas des activités quotidiennes. De plus, chez les Dupont, la télévision est proscrite. C'est très différent de ce qui se passe ailleurs.

Chez les copains de Nicolas, surtout dans le VIIe arrondissement de Paris, on en est plutôt à posséder deux ou trois téléviseurs par famille. Alors, aucun, c'est frustrant. Il n'en est pas traumatisé mais en rêve tout de même. Pas pour faire comme les autres, il s'en fiche, mais pour être plus en lien avec la vie du dehors. Les soirées et les week-ends à vibrer avec les mots, disserter, commenter, c'est bien, mais il y a autre chose qui lui fait envie. Entendre le bruit du monde, sentir ses convulsions et sa métamorphose. Par exemple, il aimerait pouvoir regarder les retransmissions des questions d'actualité à l'Assemblée, le mercredi après-midi. Intéressé par les questions des députés et les réponses des ministres, le gamin de douze ans se découvre peu à peu une passion pour la politique, et mène une vie d'enfer à Colette et Jean-Louis pour qu'ils acquièrent une télévision. Jusqu'à ce qu'ils cèdent et acceptent d'en louer une…

Pour l'adolescent commence une longue liaison avec l'actualité, la politique et l'histoire. Il n'en sortira plus. La télévision l'aide, son goût de la lecture aussi, qu'il oriente différemment désormais. Lorsque ses copains se livrent à des jeux d'adolescents, il préfère se plonger dans l'histoire de France, *Le Canard enchaîné* ou *Le Monde* ! « On me regardait comme une bête curieuse. » Il s'en moque ! Sa passion, c'est la politique. Déjà, il s'amuse avec son meilleur ami (plus tard élu maire sous les couleurs du Parti socialiste) à commenter le Programme commun de la gauche. Lui est contre, déjà... « En voyage en Angleterre, nous passions notre temps à rédiger des fiches sur le sujet. J'étais heureux... »

Surtout, Nicolas ambitionne de devenir député. Il y pense tout le temps. Quand il passe avec ses parents devant l'Assemblée nationale, l'émotion le gagne. Il se demande comment il pourra siéger un jour dans cet hémicycle aussi magnifique qu'inaccessible. Car, pas de doute, un jour il sera élu, il sera député. Quand ses camarades de classe collectionnent les images de sportifs et de chanteurs, il découpe les photos des hommes politiques de la Vᵉ République. Ce n'est pas une lubie, promet-il à Colette et Jean-Louis, qui balaient pourtant très vite ce qu'ils considèrent comme une idée farfelue. « J'étais le vilain petit canard. Je m'intéressais à des sujets qui les dépassaient totalement. » C'est sans doute le seul moment de leur vie où Colette et Nicolas ont paru non pas se détacher, mais se trouver loin l'un de l'autre. Leurs centres d'intérêt semblent alors si éloignés. Si les Dupont ont une culture historique, ils ne goûtent guère la politique. En fait, elle ne les intéresse pas. Il y a tellement de choses plus enrichissantes. Ils ne peuvent donc pas prendre conscience, en 1974, que leur fils vit une passion quasiment amoureuse et sans limites avec la campagne présidentielle. D'autant qu'il fait tout pour la leur cacher. Ainsi, ses sorties nocturnes. Après s'être assuré que ses parents dorment profondément, Nicolas quitte l'appartement familial pour aller coller des affiches de la Nouvelle Société de Jacques Chaban-Delmas dans tout le quartier. Chaque fois qu'il le peut, il se rend au QG de son champion aux Invalides pour suivre les réunions et les débats. À l'école, il décide même de porter pendant un mois un tee-shirt à l'effigie de Chaban, qu'il supporte contre vents et marées.

Son comportement finira même par inquiéter le principal du collège qui convoque Colette. « Ça va s'arranger, il va arrêter tout cela, ne vous inquiétez pas », répond la mère, sans trop y croire elle-même. Elle ne veut pas juger son fils. Et surtout pas devant les autres. Cette mère est avant tout une femme libre qui respecte toutes les libertés. Le fait qu'elle ne comprenne pas trop la passion de son fils ne change rien. Il y a droit. En plus, elle est persuadée de ce qu'elle a dit au principal, ça ne durera pas. Là, elle se trompe. À quelques semaines du premier tour de la présidentielle, Nicolas va plus loin encore. « J'ai mis des affiches sur les fenêtres de ma chambre pour que tous les voisins de l'immeuble d'en face voient qui je soutenais. » Nicolas s'engage donc on ne peut plus à fond pour son candidat. Sa première campagne. Il est heureux d'y participer et se convainc du succès à venir. Rien ne se passera comme prévu. L'ancien Premier ministre de Georges Pompidou est sèchement battu. Nicolas affichera longtemps sa « grande déception ». Il aimerait que le monde s'arrête de tourner, il n'en est rien. Ses parents ne prêtent d'ailleurs attention ni à la défaite de Chaban-Delmas ni aux conséquences sinistres qu'elle a eues sur le moral de leur fils. Ils observent surtout les résultats scolaires devenus catastrophiques. Pendant ces semaines de « terrain », l'adolescent a quelque peu oublié les priorités du moment. « J'ai fait une très mauvaise quatrième. Tout le monde pensait que j'avais des problèmes familiaux. »

Personne ne se rend vraiment compte de l'attrait grandissant de Nicolas pour la chose publique. Même si certains signes ne trompent plus. Une fois rentré du collège, il se jette sur les *Mémoires* du général de Gaulle dont l'épopée le fascine. Il disserte sur la grandeur de la France et l'engagement du pays dans le monde, cite Churchill, Roosevelt... Ses parents font mine de ne rien voir, estimant encore et toujours que ça lui passera. Seul son grand-père paternel avait remarqué très tôt que son petit-fils n'avait rien de commun avec les autres enfants de cet âge. Jusqu'à sa mort, en 1974, Nicolas n'a cessé de l'interroger sur ses exploits de combattant. Ayant fait partie des premiers aviateurs de la Grande Guerre, il a pu lui faire le récit de ses combats aériens, lui raconter comment, un jour que son avion avait été touché par l'ennemi, il s'en est sorti vivant mais a été fait prisonnier. Lors des déjeuners dominicaux, Nicolas s'assoit toujours à côté de lui, il boit ses paroles, impressionné par tant d'héroïsme, de courage et de discrétion. « Il n'a pas reçu de médaille, il n'en a jamais demandé. C'était un héros discret, comme tous les héros d'ailleurs. » Après la mort de ce grand-père idéal, Nicolas se retrouve un peu seul pour rêver de grandeur, d'histoire et de héros. On ne comprend pas sa passion ? Lui ne comprend pas cette incompréhension ! La politique l'enivre, et après ? Ce n'est pas un drame, ni une honte. D'ailleurs, il n'est pas borné et affiche bien d'autres ambitions. L'architecture par exemple. Entre douze et dix-sept ans, il a imaginé des villes, des maisons, des immeubles. Des centaines de croquis, de plans, sont sortis de son imagination. Ils sont encore aujourd'hui entassés dans une malle. « Je ne sais même pas où elle se trouve. » L'idée d'être architecte lui a traversé l'esprit.

Mais la passion de la politique a repris le dessus. C'était au lycée, en première. « Vous devriez faire Sciences-Po », lui lance son professeur d'histoire. Sciences-Po ? Mais de quoi parle-t-il ? Colette et Jean-Louis restent insensibles à la suggestion de l'enseignant. Nicolas veut en savoir plus. Alors, un soir, il prend sa mobylette et se rend rue Saint-Guillaume devant les portes de l'école où tant d'hommes politiques ont fait leurs classes. C'est le coup de foudre. « C'est ici que je veux aller. » Il s'en fait la promesse. Et n'en démordra pas. Cette fois, ses parents sont abasourdis. Tout cela est si loin de ce à quoi ils pensaient. Il tient bon et, de guerre lasse, finit par obtenir un accord.

Plus tard, les Dupont, sans doute résignés, mais surtout fiers, ne rechigneront pas à ce que leur fils passe le concours de l'ENA. Ils savent ce que cela représente. L'ENA, c'est tout de même autre chose. Un autre monde. Et puis, c'est un métier assuré dans l'administration française. Quand le jeune Dupont-Aignan intègre la préfectorale, Colette et Jean-Louis soupirent. Il est casé, et bien casé ! Ce qui ne les empêchera pas de trembler lorsque Nicolas projettera de se porter candidat aux législatives. Encore des risques, une aventure dont on ne sait pas où elle va mener. « Ils avaient une peur bleue. » Pendant des semaines, Colette a téléphoné à Valérie, l'épouse de Nicolas, pour la convaincre que cette histoire de candidature était une très mauvaise idée. « Il doit tout arrêter, c'est n'importe quoi. Il a une belle carrière devant lui, il va tout gâcher », regrettait sa mère. Elle n'en démordra pas, « la politique, c'est sale, c'est un monde à part, très éloigné de leur vie paisible ».

Nicolas ne parviendra pas à la convaincre du contraire. Sans jamais couper avec son fils, elle ne veut pas entendre parler de l'homme politique, le député à l'ambition présidentielle, déjà candidat en 2012. C'est une autre vie qu'elle ne veut pas connaître. Parfois, les Dupont ont fait l'effort de se rendre à la mairie de Yerres pour une courte visite, Jean-Louis a assisté à un meeting lors d'une élection municipale. C'est si ancien que Nicolas ne se souvient même plus quand. Colette et Jean-Louis ont suivi à distance ses ambitions présidentielles et il a renoncé à les convaincre. Il voudrait seulement qu'ils sachent que leur fils est resté fidèle à ses envies d'enfant. Qu'il n'a rien trahi de tout ce qu'ils lui ont transmis. Il n'est plus temps de parler aujourd'hui, ni avec l'un ni avec l'autre. Se contenter de faire semblant. La maladie de sa mère et le trop grand âge de son père ont dressé des murs entre eux. Il continue à parler à Colette des choses qu'elle aime. Et qu'elle lui a fait aimer. Les livres, la peinture, elle sourit et son regard s'anime une seconde. C'est un éclat. Dans ces reflets qui n'appartiennent qu'à sa mère, Nicolas se reconnaît toujours.

6.

Emma et François Bayrou

Éloge de la mère morte

À Guy et Lucette Lequin

François Bayrou choisit ses mots avec soin. C'est un conteur. Quand il évoque sa mère qui n'est plus là, il parle et, dans le même temps, son regard s'envole vers le lointain[1]... Au bout de quelques minutes, nous aurons compris qu'il ne va pas si loin. Il protège ses souvenirs, les garde à portée. Pas de risque qu'ils s'échappent. François parle et c'est scandé, harmonieux. Il tente d'abord de résumer Emma en quelques mots forts, comme des définitions : elle était le courage et la force, la droiture et le sens du devoir. Il sent que c'est insuffisant. Elle mérite mieux que cela mais il hésite à choisir entre ses propres souvenirs et les histoires d'enfance d'Emma Sarthou, telles qu'elle les lui a racontées. Et puis il saisit une anecdote, une seule, il la connaît par cœur, l'a entendue si souvent. Et on sent qu'il aime la raconter. C'est une anecdote qui dresse le portrait

1. Entretien réalisé à Paris, le 20 juillet 2016.

précieux d'une fillette de moins de trois ans et aussi celui de la femme qu'elle est devenue.

« À la ferme familiale, elle avait entendu cent fois sa propre mère répéter la même petite phrase : "Il faut faire son devoir." » Quand vint le jour pour elle d'aller à l'école pour la première fois – elle n'avait pas encore trois ans –, elle se prépara puis attendit sagement près de l'entrée. Quand on lui demanda : "Où vas-tu, Emma ?" Elle répondit avec fermeté : "Je m'en vais faire *son* devoir." Et à chaque connaissance qu'elle croisait ce jour-là sur le chemin de l'école, elle répétait fidèlement : "Je m'en vais faire *son* devoir." »

Le souvenir est charmant, il ramène François Bayrou à d'autres images moins heureuses. La jeunesse d'Emma ne se résume pas à l'orgueil de bien faire son devoir. La vie était rude, avec peu de joies. Bientôt, ce sera une première désillusion. Cruelle. La douleur de l'injustice qui bouleverse les données d'une vie. En 1938, alors que la guerre menace, la famille d'Emma Sarthou éclate en quelques mois. Comme si toute la malédiction du monde venait s'abattre sur la petite ferme de Serres-Morlaàs, village des Pyrénées-Atlantiques, situé dans les environs de Pau. Le frère s'engage dans l'armée, le père a succombé après une appendicite dont il a été opéré avec des instruments mal stérilisés. Il est mort du tétanos, dans des souffrances atroces. La mère tombe malade à son tour. Elle s'alite pour ne plus se relever qu'épisodiquement. Plus que jamais, c'est une femme douloureuse. Déjà, elle n'aimait pas sa vie. « Mon grand-père ne correspondait pas à l'image qu'elle se faisait du mari idéal, on va le dire comme ça. » La vie et la joie fuient définitivement un lieu qu'elles n'ont jamais investi. Alors Emma s'en va faire son devoir. Elle a vingt ans et s'engage, elle aussi, mais dans une vie de chef d'exploitation, inimaginable quelque temps auparavant. La ferme est à elle, avec tous ses soucis, les contraintes, les duretés. Entre les mains d'une jeune fille à peine sortie de l'enfance, qui dirige les vachers, surveille « son » bétail, bine, sarcle, récolte et s'en va aussi vendre lait et œufs chaque jour. Et cela pendant sept ans. Parce qu'à la campagne il faut penser à tout, Emma avait passé son permis de conduire dès ses dix-huit ans. Le jour même. À certains signes, on reconnaît les perfectionnistes…

Emma Sarthou – c'est encore son nom – travaille dur, s'écroule le soir morte de fatigue et recommence le lendemain à l'aube. Mais ça tient. La ferme ne dépérit pas et ceux qui ont affaire à elle apprennent à la respecter. Quand elle a quelques minutes de tranquillité, elle en profite pour s'occuper de sa mère qui ne quitte plus son lit, essaye de la soulager. Peu de temps pour penser à la guerre, l'Occupation qui n'en finit pas, ce vent de mort et de décrépitude qui s'est abattu sur le monde. Un jour, viendra le temps de vivre ; en attendant Emma fait son devoir.

En 1945, elle reçoit deux bonnes nouvelles en même temps : la guerre est finie et son frère revient à la ferme. Très vite, elle déchante : le grand frère prend à peine le temps de la féliciter avant de lui montrer le chemin de la sortie… Pour le dire plus clairement : il la met à la porte. « Elle ne l'aurait pas dit comme ça », remarque François Bayrou… mais il consent que ça s'est passé ainsi. « Lorsque son frère est rentré de son camp de prisonniers, il a repris sa place, la première, celle que lui conférait le droit d'aînesse. C'était comme ça, alors. Il n'y avait pas de violence, d'outrance dans le comportement. C'était dans l'ordre des choses. Il s'est donc installé là, avec sa femme. Ma mère n'a pas été chassée, elle s'est même occupée quelque temps des jumeaux qu'ont eus son frère et sa belle-sœur. Mais il n'y avait plus d'avenir pour elle à la ferme où on n'avait plus besoin d'elle. Il lui fallait partir. »

Emma n'a jamais appris à se plaindre ni à vivre dans la rancœur. Ce qui s'est passé est passé. Il n'y avait sans doute pas de quoi en faire toute une histoire. Quand son fils se souvient de ces événements qu'il n'a pas vécus, on le sent presque plus touché que ne l'était sa mère. Il est des douleurs dont il est difficile de guérir, même si elles n'ont pas été les nôtres. Il mesure sans doute à l'aune de sa propre expérience de vie le coup fatal porté à Emma dont le destin fut changé. Elle part à Pau et trouve du travail dans un atelier de couture. Elle va gagner sa vie, à défaut de la refaire. Elle a vingt-sept ans, elle est seule mais ne se met surtout pas en recherche d'un compagnon qui meublerait sa solitude. Emma veut quelque chose qui ressemble à un accord parfait. Autant dire qu'elle va attendre longtemps.

« Mon père avait quarante-deux ans lorsqu'ils se sont mariés, elle en avait trente-trois. Bien sûr, il y a les circonstances de l'époque, la guerre, mais aussi, chez l'un comme chez l'autre, la quête du conjoint idéal. Ils n'étaient ni l'un ni l'autre prêts à se contenter de médiocrité. » Il y a en plus chez Calixte Bayrou cette calamiteuse difficulté à choisir qui fait que chaque décision à prendre est une épreuve infinie. « Mon père avait du mal à trancher, comme s'il avait peur de perdre quelque chose... » Certains détracteurs de François Bayrou diront qu'il a au moins hérité ce trait de caractère de son père.

Calixte Bayrou, quand il rencontre Emma Sarthou, est déjà un homme en colère. Il le sera tout au long de sa vie, et il y a de quoi. Cet agriculteur béarnais qui tient à s'exprimer en patois gascon occitan, tout en étant un amoureux fou de la littérature française, ne décolère pas contre la guerre qui a ruiné la ferme de Bordères, village perdu entre Pau et Lourdes. Tout allait mieux avant, quand le père de Calixte était un notable du village, le premier à s'enorgueillir de posséder une voiture et un téléphone. L'Occupation est passée par là, et la désastreuse après-guerre.

Désormais, les paysans ont du mal à vivre de leur travail. Il y a pire : cette terre de dix hectares n'appartient pas vraiment à Calixte Bayrou car elle est bloquée depuis deux générations dans une indivision qui couvre même la ferme où il vit !

« Ma mère a toujours vécu cette situation avec anxiété. Je ne me rendais pas compte alors, parce que, lorsqu'on est enfant, on ne s'inquiète pas de savoir si la maison où l'on vit est vraiment à nous, on croit que tout est acquis, définitif. Elle, elle savait et c'était cruel. Il n'y avait pas d'argent à la maison. Nous étions pauvres dès le départ et nous le sommes restés, c'est ainsi. Quand je dis pauvreté, je ne parle pas de précarité telle que la connaissent des milliers de foyers aujourd'hui... Nous avions la chance d'avoir toujours des légumes dans le jardin, des œufs, du beurre, du lait, le cochon que l'on pouvait tuer parfois. Mais bon, quand maman est morte, elle avait une retraite de six cent quatre-vingts euros après avoir travaillé toute sa vie. »

Il a d'autant plus de raisons d'être en colère, Calixte, que ce destin d'exploitant agricole, il ne l'a pas choisi. Il lui a été imposé en fonction de son rang dans la fratrie. Décidément. L'aîné est assigné à la ferme tandis que Constant, son cadet, brille à Polytechnique, que sa sœur, Lucienne, mène des études de médecine et que son meilleur ami est admis à Normale sup. Calixte ne se décourage pas pour autant. Lui aussi fait son devoir et il a trouvé sa femme idéale. Très vite, ils se fiancent à Pau puis se marient. Emma reprend une vie de fermière. La parenthèse n'aura pas duré longtemps. Elle veut aider son mari de toutes ses forces mais, dans les premiers temps, elle a encore mieux à faire. François naît en 1951, Lucienne le suit treize mois plus tard. Le cercle de famille ne s'agrandira plus. L'exploitation qui réclame toujours plus d'efforts pour un gain misérable ne permet pas de rêver à une grande famille.

En revanche, ni Calixte ni Emma n'ont renoncé à ce qu'ils aiment par-dessus tout : la culture, sous toutes ses formes, la politique, ses joutes, ses commentaires. Calixte sait qu'il est passé, par la force des choses, à côté de la vie d'intellectuel que lui promettait son intelligence. Eh bien ! Cette vie, il va quand même la mener, à sa manière, du fond de son champ, au milieu de ses bêtes, et il ne doute pas qu'Emma soit la partenaire idéale pour partager cette existence un tant soit peu schizophrène.

Il y a les travaux de la ferme, les nombreuses heures consacrées à toutes les tâches qui épuisent le corps et vous rejettent le soir venu, harassé, dans votre lit. Mais il y a aussi tous ces moments volés au labeur que Calixte transforme en séances de culture à haute dose. À la ferme Bayrou, on lit, sept jours sur sept, des journaux, des livres, on commente l'actualité, on échange, on ne s'arrête que pour écouter la radio, les émissions culturelles ou politiques… Dès qu'il y a de la musique, on éteint.

Ces moments sont bons mais ils sont rares. Alors, on profite des repas, le petit déjeuner, le midi, le souper : tout le monde lit à table et on ne s'interrompt que si l'un ou l'autre se lève pour aller chercher le Larousse et y puiser une définition. « Dix fois par repas, mon père disait : “Va donc chercher le dictionnaire que l'on vérifie la signification de ce mot.” Tout y passait, les pages roses, les noms propres, les locutions latines… Alors, évidemment, quand, il y a quelques années, j'y ai eu mon entrée, j'ai pensé tout de suite à mes parents. J'ai reçu beaucoup d'honneurs et de décorations dans ma vie, être dans le Larousse les dépasse tous. C'était un sentiment d'accomplissement, de plénitude. »

C'est que les enfants s'y sont mis, évidemment, aussi voraces bientôt que leurs parents. Ils voient leur père refaire le monde sans arrêt avec une intelligence et une culture redoutables, leur mère lire cinq livres par semaine. Grandir ainsi, dans cette folie de culture, dans ce déferlement de lectures et d'idées, c'est un atout gigantesque, une richesse irremplaçable. François le sait : « Dans mon enfance, nous n'avions pas grand-chose mais il y avait de l'amour et de la culture. » On pense à Nicolas Sarkozy, son ennemi intime : « Dans mon enfance, je n'ai manqué de rien, sauf d'un père. » Il y a des parallèles douloureux.

Tous les livres qui arrivent à la ferme ne sont jamais achetés par Calixte ou Emma. Où trouveraient-ils l'argent alors qu'il leur faut tirer en permanence sur tout pour parvenir à vivoter ? « Pendant des années, livres et journaux débarquaient le samedi par le train de nuit de 7 h 32 en provenance de Paris, avec mon oncle, Constant, le polytechnicien, et ma tante, Lucienne, le médecin. Ils nous en ont apporté des tonnes au fil des années. » C'était pour eux une belle façon de compenser la forme d'injustice dont avait été victime leur frère, privé de brillantes études et cantonné à la ferme, alors que tout son intellect aurait mérité autre chose…

« Le fait de venir si régulièrement, c'était aussi montrer qu'ils n'avaient rien oublié, la famille, la ferme… La vie parisienne n'avait rien changé. Chaque samedi, le même rituel : mon père allait les chercher à la gare, les ramenait à la ferme où il fallait s'occuper tout de suite de traire les vaches… il y a des urgences qui n'attendent pas. Dans l'étable, la conversation commençait, enflammée souvent. On évoquait la marche du monde, les événements récents, l'Europe en construction, les convulsions de l'Afrique, les enjeux autour du pétrole. Mon père n'était jamais dépassé par la conversation. Aucun dossier ne lui était étranger, il était au fait de tout. »

Sa femme ne l'était pas moins. Parce qu'elle était moins en vue que son mari, on pourrait croire qu'Emma était toujours en retrait. Erreur. Elle portait des valeurs semblables nées de sa propre expérience douloureuse, les mêmes refus et les mêmes espérances. Une soif de culture. Jusque dans sa vieillesse, elle lira cinq livres par semaine, empruntés à la bibliothèque municipale.

Certes, Calixte a été maire de Bordères pendant six ans[1], après avoir suivi le chemin tracé par son père et son grand-père, rejoignant très jeune le MRP (Mouvement républicain populaire), parti démocrate-chrétien, issu de la Résistance, qui a largement contribué à la construction européenne et prôné dès sa naissance des valeurs centristes. Calixte aime la politique, il la vénère à certains moments, portant toujours un regard respectueux et admiratif sur ce qu'il considère sans doute comme un art. François grandit en s'imprégnant de cette vision paternelle mais il intègre tout autant la vision de sa mère. Le jour où Emma s'est retrouvée seule à Pau, sans personne pour l'aider, sans aucune formation si ce n'est celle de la ferme, et avec la nécessité impérieuse de gagner sa vie, elle a compris ce qu'était le sentiment d'abandon, d'impuissance et de désespoir. Elle avait vingt-sept ans.

---

1. À nouveau candidat en 1953, il est battu d'une voix. Il ne se présentera plus jamais.

Leur bonheur n'a duré qu'un demi-siècle. Un jour de 1974, Calixte a abandonné Emma. C'était le 6 avril, jour du deuil national décrété après la mort de Georges Pompidou. En rangeant du foin, il tombe de la remorque sur laquelle il est en train d'empiler des meules. François, qui va avoir vingt-quatre ans, est déjà marié et père de deux enfants. Professeur, il prépare l'agrégation, ce qui a provoqué quelques semaines plus tôt un dialogue entre ombres et non-dits avec son père. Celui-ci s'inquiétait alors de savoir si, dans le cas très improbable où il réussirait – un candidat reçu tous les deux ans dans le département –, il serait obligé, comme le veut la règle, d'aller enseigner en dehors de son académie. Calixte avait tant de mal à l'idée de se séparer de ses enfants. Il avait pleuré à gros bouillons, tout au long du court voyage en voiture, quelques années plus tôt, lorsqu'il avait dû conduire François à Bordeaux pour qu'il prépare hypokhâgne à l'internat. Le fils a préféré ne pas répondre. Il n'existait qu'un cas qui permettait l'exception : si le lauréat se trouvait être soutien de famille ; si Calixte disparaissait, François pourrait enseigner dans l'académie de Pau.

Le 2 mai, trois semaines après la mort du père, le fils est reçu à l'agrégation. Plus de quarante ans après, il continue de penser à cette conversation qui portait en elle tant de mauvaises ondes. Le malheur est d'autant plus fort quand nous l'avons vu se profiler. François est terrassé, sur le point de sombrer dans un chagrin vertigineux, mais il faut déjà se relever, prendre dans ses bras Emma et penser à se mettre au travail. Sa mère a alors cinquante-six ans, ce n'est pas bien vieux pour être veuve. C'est un malheur de plus.

Il n'y a pas d'argent et il faut faire sans, même si Calixte n'est plus là. « Les premières économies de toute la vie de ma mère, ce fut l'assurance vie de mon père ! Trente mille francs de l'époque[1]. Et ça m'a donné, ou plutôt elle m'a donné sans le vouloir une leçon définitive : ne jamais faire confiance aux experts. Le responsable portefeuilles d'une grande banque nationale m'avait conseillé de placer cet argent dans de l'or, valeur refuge qui allait devenir une matière première. "C'est le plus beau placement que vous puissiez faire, sans hésiter." Tout fier, je m'en vais voir ma mère pour lui annoncer la belle nouvelle : grâce à mes relations, j'avais trouvé le moyen de faire fructifier ses économies. Là, elle me répond que, de son côté, elle a vu "celui du Crédit agricole qui offre 17 % par an. Je vais les prendre". Dix ans après, l'or valait au centime près la même chose ! Tandis que, dans la même période, elle a reçu 17 % de ses trente mille francs, chaque année ! Depuis, les experts ont cessé de me bluffer. »

François s'installe désormais à la ferme familiale avec femme et enfants, et entame une nouvelle vie. Double. Professeur agrégé de lettres classiques, l'un des plus jeunes de France, il distille son savoir, mais tôt le matin il a commencé sa journée de paysan qu'il terminera tard le soir. Bien sûr, Emma est là pour l'aider mais le doute n'est pas permis. Tout en accomplissant sa vie d'homme, il remplit son

1. Soit quatre mille cinq cents euros.

devoir de fils en prenant la place laissée vacante par le père. La terre et les lettres en héritage, Emma peut être fière même si tous ces efforts consentis ne permettent pas d'inonder de bonheur un foyer qui, de génération en génération, en a tant manqué.

« Je ne crois pas que je tienne d'eux cette "pente vers le bonheur" qui inspire ma vie. L'un et l'autre avaient quelque chose de sombre, l'un et l'autre venaient de milieux souffrants. La maladie, la mort... les ombres étaient nombreuses, conscientes ou pas, et elles pesaient sur l'un et l'autre. Mon père, dont j'ai dit déjà à quel point il aurait pu et dû se trouver ailleurs qu'à la ferme, savait ce qu'il ratait. Il avait en lui une assez grande souffrance de déclassement. Pensez ! Son meilleur ami était normalien, de la promotion Pompidou, son frère était polytechnicien, sa sœur, médecin, et il était, je ne dis pas cela avec les yeux émerveillés de l'enfance, mais parce que c'est vrai, plus intelligent et plus intellectuel, au sens du maniement des concepts, qu'aucun de ceux-là. De quoi nourrir une certaine frustration. Très sincèrement, je ne sais pas d'où je tire cette aptitude au bonheur. Je n'ai connu aucun de mes grands-parents mais je sais qu'aucun d'entre eux n'était particulièrement gai. Alors, dire d'où viennent ma joie de vivre, ma jubilation, c'est impossible. J'ai une part sombre, comme tout le monde, elle n'a jamais eu assez d'importance pour me faire connaître des moments où j'aurais été malheureux de vivre. Ma sœur ne me ressemble pas tout à fait sur ce point. Elle est plus anxieuse que moi. Mais elle vit. Elle a eu la chance de pouvoir avoir la vie qu'elle voulait, elle aime son métier de médecin ophtalmologiste, habite la maison où nous sommes nés l'un et l'autre, elle s'entend très bien avec son mari, a le bonheur d'avoir trois filles. Je pense que sa vie ressemble à celle qu'elle voulait, mais elle s'inquiète pour des choses qui ne me troublent pas. Je n'ai jamais été arrêté ou blessé durablement, par exemple, par la vie politique. Je suis résilient. J'avance. Dans la joie. »

Jeune encore et surchargé de tâches – il sera bientôt père de six enfants –, François s'engage en politique sur les traces de son père. Le MRP paternel a laissé la place au Centre des démocrates qui devient son parti. Très vite, il devient la plume de Jean Lecanuet puis brûle les étapes : conseiller général à trente ans, conseiller municipal de Pau, député en 1986, ministre de l'Éducation nationale de 1993 à 1997. Emma apprécie. Pendant un temps, elle se régale, son fils est là où elle pouvait le rêver. Et il mène des combats que sa mère ne renierait pas.

« Je pense qu'elle m'a transmis une grande partie de son aptitude politique. Mon père avait le sens des grands principes, de la géopolitique, des grands mouvements, des idées. Ma mère était plus dans le tactique, l'instinctif. Elle avait envers la politique une attraction plus forte. Il aimait la politique des grands débats, ma mère se passionnait pour la politique politicarde. Elle suivait les choses sous cet angle-là. Par exemple, elle pouvait me dire : “Dis donc, ce Léotard, là, il n'est pas en train de mener une manœuvre avec Chirac ?” Elle avait souvent raison… Je lui dois aussi une assez grande résistance à tout ce qui vous en met plein la vue. Elle avait un regard dessillé. C'était quelqu'un dont on pouvait dire : on ne la lui fait pas. »

En revanche, Emma ne donnait jamais de conseils à son fils, se contentant de répéter à intervalles réguliers la même question : « Pourquoi tu t'embêtes dans cette vie ? Tu ne serais pas mieux, professeur chez nous ? » « Mais ce n'était pas la vérité. Je suis sûr qu'elle ne le pensait pas, elle n'aurait pas aimé que je choisisse une autre vie, "plus tranquille". La vérité, c'est qu'elle était très fière mais elle avait peur de ce qui pouvait m'arriver. Sur la fin de sa vie, elle faisait des cauchemars terribles à cause de moi… Je ne faisais pas attention, je ne me rendais pas compte. Il lui arrivait de me dire : "Ils sont très méchants avec toi"… Et je répondais : "Maman, ils veulent me tuer !" Je ne me rendais pas compte qu'elle l'entendait au sens propre. Pour moi, c'était juste une façon de parler, or elle recevait cette phrase de plein fouet. Cela ajoutait à ses angoisses. »

Tout cela se passait, on l'aura compris, en 2007, pendant la campagne présidentielle, et plus précisément entre les deux tours, lorsque François Bayrou, le troisième homme de la première manche, donne longtemps l'impression de tergiverser entre Ségolène Royal et Nicolas Sarkozy avant de… ne choisir ni l'un ni l'autre. Cette posture surprenante pour beaucoup de ses amis de la droite de gouvernement crée de la stupeur chez les uns, de la colère chez les autres, voire de la fureur.

« Il faut imaginer le degré d'anxiété que la campagne de 2007 a suscité chez elle. Avoir un fils qui faisait de la politique, elle s'y était aisément habituée. Son père, son grand-père, son mari avaient tous fait de la politique locale. Avoir un fils député, c'était déjà une fierté. Elle est venue à Paris pour la première fois le jour où je suis entré à l'Assemblée nationale, en 1986, et pour entendre mon premier discours. C'était déjà quelque chose d'immense pour elle. Son fils, député, prononçant son premier discours à l'Assemblée nationale, à Paris, la capitale placée si loin de ses rêves… Tout cela était démesuré, sans doute, mais enthousiasmant. C'est la fierté qui ressortait avant tout. L'élection de 2007, c'est autre chose. Son fils, candidat, et proche d'être élu… Elle avait quatre-vingt-neuf ans. Ç'a été pour elle comme un traumatisme d'anxiété. Je crois que l'accident vasculaire cérébral qu'elle a fait pendant cette élection est dû à ce qui s'est passé pendant ces jours-là. Maman était assez facilement soucieuse, voire bilieuse. Mais là, on était sortis des normes. Je ne me rendais pas compte de l'impact. J'ai même eu la bêtise de lui offrir la TNT qui venait de sortir pour qu'elle puisse suivre la campagne. Ainsi, elle a pu regarder mes meetings et je pense qu'elle s'est terriblement angoissée pendant ces semaines-là. Elle a fait une fibrillation puis un AVC. Très vite, quelques dégâts irréversibles s'étaient produits et, à cet âge, cela ne pardonne pas. »

Emma est morte à la fin de l'année 2009. Le chagrin a mis du temps à s'effacer. D'ailleurs, on le sent encore cingler les souvenirs. Quand il veut se tourner vers ce que sa mère lui a appris de plus essentiel, François Bayrou semble d'abord contourner l'obstacle. Sept ans après la mort d'Emma, la blessure est encore fraîche. Alors, il commence par ne pas parler de lui. Il dit avec des mots chaleureux tout ce qu'elle a apporté à ses petits-enfants : « Elle a vécu dix ans avec nous. » On comprend à quel point il juge que c'est important. Emma était aussi une grand-mère. Et puis, il y a les combats d'Emma. Elle avait gardé de ses infortunes de jeunesse un grand sentiment de précarité dont elle ne s'était jamais dépêtrée. « Pourfendre l'injustice sociale était devenu son grand combat. » C'est de ce modèle que s'inspire une grande partie de l'homme politique Bayrou, il le revendique.

Il s'interrompt brusquement, comme s'il sortait d'une rêverie pour revenir à la réalité : « Elle avait un très beau visage ! Vous connaissez le visage de ma mère ? » Il va à son ordinateur et bientôt apparaît la photo d'une jeune fille dont il me dit qu'elle avait alors dix-sept ans. Le visage est magnifique. Une autre photo la montre avec François, enfant. Sur une autre, elle est avec Calixte et c'est à Pau, l'hiver 1950, le jour de leurs fiançailles. Leur fils les observe, riche du réservoir de tendresse qu'ils lui ont transmis.

Le regard s'envole à nouveau. Nous ne sommes pas certains qu'il cherche quelques souvenirs. Tout cela est bien présent. Il veut surtout rassembler les mots pour exprimer le mieux possible ce que cette mère lui a donné. « Elle m'a transmis ce qu'il y a de plus précieux pour les enfants, l'affection inconditionnelle, ce qui donne une fois pour toutes une ligne pour la vie. Moi, les gens que j'aime, je les aime inconditionnellement, et je pense que cela vient de ma mère et de mon père. Je pense qu'ils se réunissaient sur ce point aussi. De mon enfance qui fut heureuse sans être gaie, je conserve le sentiment de bien-être et de sécurité quand toute la famille est là. C'est peut-être étrange à entendre mais très fort à ressentir. Quand on me demande ce qu'est le paradis terrestre pour moi, je réponds que c'est la table de famille. Il n'y a pas de danger qui menace puisque tout le monde est là. »

Parler de sa mère – il n'aura dit « maman » que deux fois, dans des moments de son récit où l'émotion le prenait à la gorge – semble le réconforter. On devine que cet amour sans fioritures qu'il raconte pas à pas lui tient chaud mais pas seulement. Il le porte et l'élève. C'est une chance et il le sait.

« J'ai longtemps pensé que j'écrirais le Livre de mon père, il est possible que j'écrive avant le Livre de ma mère. Je crois qu'il y a dans cette vie, dans cette relation, des choses très belles et très profondes à raconter. Tout est dans ma tête, il ne me reste plus qu'à l'écrire. Ce n'est pas le plus facile. Beaucoup de gens ont de lourds problèmes avec leur enfance, avec leurs parents. Ce n'est pas mon cas. Il n'y avait, dans la relation entre nos parents et nous, ma sœur et moi, rien qui fût blessant, rien qui fût sous-estimé, rien qui fût vulgaire, rien qui fût forcé. Aucun de ces angles saillants qui déchirent parfois parents et enfants. D'abord, parce que mon père est mort très tôt – j'avais vingt-quatre ans – et surtout parce que ma mère a toujours su être à l'écoute. Je n'ai, en tout cas pas consciemment, aucun compte à régler avec mon enfance. Du point de vue de la transmission, c'est parfait. Et ce qui est merveilleux – mais c'est sans doute la force de l'héritage –, c'est que je crois avoir réussi la même chose avec mes six enfants ! C'est une incroyable chance. »

Nous nous étonnons, d'abord à demi-mots, que cette enfance qui a baigné dans l'amour et l'intelligence, et à l'abri de tout forçage, de toute attitude blessante, ait pu être traversée par l'épreuve cruelle du bégaiement. Il en a été victime, l'a vaincu, « encore que l'on n'en sorte jamais tout à fait », mais quand nous lui demandons s'il sait d'où est venu ce mal, il se rebiffe, pas question d'en dire plus. « Je peux en avoir une idée mais ce n'est pas un sujet sur lequel… Le bégaiement, c'est forcément des histoires de blessures et les blessures, il faut les cicatriser. »

Comme il ne veut pas nous laisser tout à fait sans réponse, il nous propose de lire un texte qu'il a écrit quelques années plus tôt. Il est magnifique, touche au cœur. Ceux qui ont eu la chance d'être émus aux larmes en voyant *Le Discours d'un roi* pleureraient en lisant ces lignes : « J'avais huit ans, peut-être, et il m'arriva d'être bègue […] ce ne sont pas les consonnes qui bloquent, ni les lèvres ni le palais, mais l'enfant secret qui demeure en nous, et qui sans doute fut blessé sans que l'on sache de quelle blessure. » Au cœur du texte, cette phrase qui scintille : « Il n'y a rien d'organique dans le bégaiement. Il n'y a que du secret. » François, le fils de Calixte et Emma, en conserve le mystère.

7.

Françoise et Emmanuel Macron

Les silences de la mère

Quitter ses parents. Un désir qu'on peut imaginer chez un adolescent en pleine révolte. Mais chez un enfant ! Emmanuel l'a tenté pourtant. Pas comme un caprice mais comme une nécessité. C'était une urgence. L'idée le taraude depuis quelque temps. Emmanuel a cinq ans quand il fait son annonce déconcertante. Le blondinet aux yeux bleus, haut comme trois pommes, ne veut plus vivre avec Françoise et Jean-Michel. Il souhaite s'installer chez sa grand-mère maternelle, Germaine. Drôle d'idée tout de même. Mais le garçonnet n'en démord pas. Il est certain que ce sera mieux ainsi.

On imagine alors les parents, assis dans le canapé du salon, surpris et amusés, peut-être un peu inquiets et blessés par tant d'aplomb, s'interrogeant sur les vraies raisons d'une telle requête. Il avance des arguments à ses yeux crédibles. Comme il passe le plus clair de son temps dans la maison de sa mamie adorée, pourquoi ne pas s'y installer définitivement ? C'est vrai que Germaine élève pour ainsi dire son petit-fils depuis qu'il a fait ses premiers pas. Emmanuel a dormi tant de fois chez sa grand-mère que ça ne changerait pas grand-chose finalement. Et c'est si bien ! Le matin, le garçonnet a l'habitude d'aller rejoindre Germaine dans sa chambre « pour écouter ses anecdotes de guerre et ses récits d'amitiés[1] ». Un vrai roman quotidien qui le fait voyager dans la vie de sa grand-mère. Il n'oubliera d'ailleurs jamais « l'odeur du café qu'elle allait parfois préparer dès le milieu de la nuit. Et la porte de ma chambre entrouverte dès 7 heures lorsque je n'étais pas venu encore la rejoindre, s'exclamant avec une inquiétude feinte : "Tu dors encore ?" »... Déménager n'a donc rien de curieux, pense-t-il. C'est même logique, on vous dit. « Alors, c'est d'accord, je peux aller vivre chez ma mamie ? » Non, trois fois non !

La plaidoirie d'Emmanuel n'aura pas convaincu Françoise et Jean-Michel qui refusent tout net. C'est le père qui a parlé. La maman ne dit rien. Souvent, quand elle s'oppose à Emmanuel, c'est par le silence. Il comprend. Chez les Macron, qui ne dit mot ne consent pas forcément. Jean-Michel peut expliquer une décision, Françoise se fait souvent comprendre avec un regard. L'affaire est close donc, mais elle marque la famille[2]. De son côté, l'enfant n'est pas traumatisé par ce refus et n'en nourrit pas d'aigreur particulière. Il ne comprend pas la décision de ses parents mais ne leur en veut pas. Leur a-t-il vraiment tout dit ? Depuis la naissance de son frère cadet

1. Emmanuel Macron, *Révolution*, XO, 2016.
2. Entretien avec des proches, octobre et novembre 2016, Amiens, Paris.

Laurent, Emmanuel a le sentiment qu'il est passé au second plan. Il n'est plus la priorité, estime-t-il. Rien d'inhabituel… Ce qui lui pèse encore davantage, c'est l'absence de ses parents, très accaparés par leurs activités professionnelles. C'est vrai que son père, neurologue, agrégé de médecine, travaille énormément, comme sa mère, pédiatre, médecin-conseil de la Sécurité sociale depuis plusieurs années, qui enchaîne des journées très chargées. À Amiens, ils ont une réputation de « gros bosseurs », de professionnels sérieux, impliqués. Les temps de loisirs en famille sont donc trop rares aux yeux d'Emmanuel.

Les Macron se partagent entre leur bureau et leur engagement dans la vie de la cité. Mais ne négligent pas pour autant l'éducation de leurs enfants. Parents peu présents mais parents attentifs. Ils suivent la scolarité d'Emmanuel comme celle de ses frère et sœur. Avec eux, la fratrie partage l'amour de la littérature française, de l'histoire et de la philosophie. Il a été biberonné aux grands auteurs classiques, à la poésie. D'ailleurs, ses heures perdues, Emmanuel les passe dans la lecture, un peu hors du monde. Françoise et Jean-Michel ont à cœur que leurs enfants apprennent les valeurs de rigueur, du travail bien fait, le goût de l'effort, indispensables à leur évolution. Résultat, Emmanuel additionne les lauriers dans toutes les matières, sans exception. « Mes parents voyaient l'éducation comme un apprentissage de la liberté. » Si les discussions tournent souvent autour de la profession médicale, Emmanuel n'est pas convaincu pour autant de suivre leur voie, même s'il est toujours attiré par les sciences. « Emmanuel est le vilain petit canard de la famille Macron », plaisante une de ses tantes qui égrène la liste des cousins ou oncles médecins. Son frère Laurent est cardiologue, sa sœur Estelle néphrologue. « Je voulais tout simplement un monde, une aventure qui me soient propres. J'ai toujours eu cette volonté-là, choisir ma vie. » Dans un monde corseté, codifié et parfois tout tracé, il n'est pas rare que l'un des enfants s'affranchisse de son milieu. Celui des Macron est d'abord bourgeois, de droite et conventionnel. Une bourgeoisie de province qui se caractérise surtout par sa discrétion. Emmanuel le reconnaît volontiers, ses parents ne lui ont rien imposé. « Je n'ai pas eu de pression. » Une fois encore, Françoise parle peu quand les mots pourraient être désagréables. Elle s'exprime plus facilement quand il s'agit de dire un mot tendre.

« Sois libre », ne cesse d'ailleurs d'insister sa grand-mère. Germaine, c'est sa boussole. Pendant les absences de Françoise et Jean-Michel, c'est elle qui s'occupe du garçonnet. Il la vénère. Il aime sa gentillesse, sa joie de vivre, les histoires qu'elle lui raconte et le temps qu'elle lui consacre, tous les mercredis et samedis. « Je me souviens de son image. De sa voix. Je me souviens de ses souvenirs. De sa liberté. De son exigence. » Et du chocolat chaud qu'ils dégustaient « en écoutant Chopin, en découvrant Giraudoux ». Elle lui apprend le monde, répète qu'il doit très bien travailler à l'école et toujours viser l'excellence. Sa grand-mère ne se contentera pas d'une seconde place à l'école, elle exige la première pour ce petit-fils à qui elle prédit un avenir brillant.

Germaine croit dans Emmanuel. Une fois les cours terminés, il passe de « longues heures » à apprendre la grammaire, l'histoire, la géographie... Il lit beaucoup, et à voix haute, « Molière et Racine, Mauriac et Giono ». Gide et Cocteau sont ses « compagnons irremplaçables ». Sa vie de petit-fils, c'est peut-être d'abord celle des livres. « Une vie immobile, une vie heureuse, à lire et à écrire. » Bien calé dans sa ville natale.

Il aime Amiens. La « petite Venise du Nord ». C'est d'ailleurs là que le 6 avril 2016, Emmanuel lance son mouvement, En Marche ! Au palais des congrès. Nouvelle étape d'une vie déjà bien remplie, nourrie d'adrénaline et ponctuée de transgressions. La maison de son enfance se trouve à l'autre bout de la ville, à dix minutes à vol d'oiseau de cette estrade où il défie François Hollande et Manuel Valls, ce jour d'avril. La capitale de la Somme a longtemps été le théâtre de ses promenades et virées joyeuses avec les copains, de ses secrets d'adolescent comme, plus tard, de son amour interdit. Emmanuel a conservé des liens affectifs avec cette cité aussi austère que populaire, tant de fois arpentée, pour rejoindre le lycée jésuite La Providence à seulement 800 mètres du domicile familial, pour retrouver ses amis dans le centre-ville animé où se dresse l'imposante cathédrale Notre-Dame. Souvent, il a traversé ses rues commerçantes et bourgeoises, a acheté des livres à la librairie, a pris un verre dans un bistrot non loin. Surtout, il travaille. « Persévérer, faire des efforts, c'est réussir. » Cette consigne, il l'a tant entendue dans la bouche de Germaine. Sa grand-mère sait mieux que quiconque ce que cela signifie. Et cela force l'admiration d'Emmanuel.

Née dans une famille modeste de Bagnères-de-Bigorre dans les Hautes-Pyrénées, Germaine est la fille de parents peu lettrés, d'une mère femme de ménage et d'un père chef de gare. De la fratrie, elle sera la seule à poursuivre des études au-delà du brevet. Une performance à cette époque. Sa sœur et son frère ont été contraints de travailler pour aider la famille. Les parents de Germaine ne savent d'ailleurs pas comment se comporter avec leur fillette que les professeurs félicitent pour ses bons résultats et aptitudes. « Elle me racontait un drôle de souvenir d'enfance : en cinquième, revenant du collège avec un bulletin mentionnant “Bonne élève à tous égards”, son père avait cru y voir la dénonciation de mœurs légères et l'avait giflée ! » Sans l'intervention d'un professeur de philosophie, Germaine n'aurait certainement pas embrassé la carrière d'enseignante. Quelques années avant la guerre, après des cours par correspondance, l'étudiante a décroché son diplôme. Elle s'est battue pour faire sa place dans une société qui ne lui était pas acquise. Le travail lui a permis de s'élever et d'évoluer. Professeur optimiste et passionnée, femme engagée, elle « voulait transmettre le meilleur de ce qu'on nomme une civilisation. À ses élèves, filles d'artisans et d'agriculteurs de Picardie, elle ouvrait la porte de la connaissance, du beau, peut-être de l'infini ». Germaine a terminé sa carrière comme principale de collège public. Femme de gauche, son modèle politique s'appelle Pierre Mendès France. « Ses idées de gauche, c'est elle qui les lui a inculquées[1]. » Emmanuel est heureux de l'avoir comme grand-mère, de la compter comme confidente et maman de substitution... Sa fierté va aussi à ses autres grands-parents. Ils étaient cheminot, assistante sociale et ingénieur des ponts et chaussées, tous issus de milieux modestes. Leur histoire est « celle d'une ascension républicaine dans la province française. Cette ascension passait par le savoir ».

Le parcours d'Emmanuel Macron est indissociable de la vie de Germaine. De ses parents, il ne dit pas grand-chose. Quand il essaie, c'est pour mieux revenir très vite vers sa grand-mère, dire qu'elle était tout pour lui.

Attentive, attentionnée et bienveillante, Germaine l'accompagne dans ces années d'apprentissage au cours desquelles « s'est forgée chez moi cette conviction que rien n'est plus précieux que la libre disposition de soi-même, la poursuite du projet que l'on se fixe, la réalisation de son talent ». Et il est vrai que tout au long de son parcours scolaire, Germaine n'a jamais quitté Emmanuel des yeux. « Mon enfance fut rythmée par son attente inquiète de mon retour du moindre examen. » Elle est à ses côtés quand il fait toute sa scolarité brillante chez les jésuites de La Providence, un établissement fréquenté par la bourgeoisie amiénoise, à la discipline stricte, et réputé pour former l'élite. Elle le conseille, le guide et l'écoute lui faire le récit de sa passion pour la littérature, la poésie. Lorsque le jeune Emmanuel

1. *L'Ambigu Monsieur Macron*, de Marc Endeweld, Flammarion, 2015.

décroche le troisième prix de piano du Conservatoire d'Amiens, lorsqu'il est lauréat du Concours général de français ou quand il opte pour hypokhâgne et khâgne après sa terminale parisienne à Henri-IV, Germaine encourage, rassure, soutient avec énergie et constance.

Elle était plus que présente, vingt-deux ans plus tôt, quand il avait commencé son aventure personnelle. Ce jour où Emmanuel s'était définitivement émancipé de ses parents, Françoise et Jean-Michel, avait quitté son frère, Laurent, et sa sœur, Estelle. Pour une nouvelle vie à Paris. Entre crainte et espoir. Et tout cela pour un amour que l'on croyait impossible.

Enfant ou adolescent, à Amiens, il lui arrivait souvent de passer devant la boutique du chocolatier Trogneux. Une institution qui fait la fierté de la ville depuis cinq générations. Leur spécialité, le macaron, à base d'amandes et de miel. Se doutait-il que sa rencontre avec la fille du propriétaire changerait le cours de sa vie ? Qu'elle l'obligerait à mettre un terme à son histoire ici et à emprunter un autre chemin ? Il aurait fallu qu'il imagine qu'un soir de 1993 il rencontre ici l'amour, unique, « celui qui a bouleversé son existence ». C'est un mois de mai. Il joue, au théâtre, lors de la représentation de fin d'année du lycée. Il a quinze ans et interprète un personnage tiré de l'œuvre de Jean Tardieu, *La Comédie du langage*. Un épouvantail. Ainsi débute sa saynète : « C'est bon de renaître… » Emmanuel se fait remarquer. Son professeur de théâtre, Brigitte Auzière, ne tarit pas d'éloges. Elle dit de lui : « Il n'est pas comme les autres. Ce n'est plus un ado, son rapport aux adultes est d'égal à égal[1]. » Brigitte fait d'autant plus attention au jeune homme qu'un soir, Laurence, sa fille, s'est enthousiasmée devant elle à propos de son camarade de classe, Emmanuel : « Il y a un fou avec nous, il sait tout sur tout. » Au lycée, le jeune homme a du succès. Il plaît aux filles de sa classe, impressionnées par ce « garçon différent, intelligent, beau et sympathique ». Emmanuel a seize ans. Il est amoureux. Qui est donc l'élue de son cœur ? Personne ne le sait. Peut-être une lycéenne de La Providence ?

Ses parents en seraient ravis. Ils vont rapidement déchanter. Emmanuel décide en effet de leur annoncer la nouvelle avant tout le monde : il est tombé amoureux de Brigitte Auzière, le professeur de français de La Providence, qui anime par ailleurs le club de théâtre au sein de l'établissement. Et elle ne le sait pas, ajoute-t-il en rougissant.

Enseignante populaire, pédagogue reconnue, l'énergie et le charisme de Brigitte ne laissent personne indifférent. Si elle n'est pas au courant de l'élan amoureux qu'elle suscite, il n'y a donc pas trop de danger, estiment les parents. Il ne s'agit sans doute que d'un béguin de lycéen. Et à sens unique, en plus. Mais Emmanuel a de l'entêtement. Il va déjà s'occuper de trouver des alibis pour voir son professeur plus souvent.

Il lui propose de jouer une pièce, adaptée d'un court manuscrit, *L'Art de la comédie*, d'Eduardo De

1. *Emmanuel Macron, la stratégie du météore*, de Pierre Hurel, France 3, 2016.

Filippo. « Tu es bien gentil mais il n'y a que cinq ou six personnages, dans la classe, vous êtes dix-sept. Ce texte ne va pas convenir », répond Brigitte. « Qu'à cela ne tienne, nous allons écrire une pièce. » Hésitation avant accord général. Les voilà donc partis pour écrire à quatre mains, et créer une dizaine de rôles. Ils se retrouvent chaque semaine. Emmanuel raconte : « Cela a duré des mois. Nous nous sommes parlé de tout. L'écriture devint un prétexte. Et je découvrais que nous nous étions toujours connus. » Brigitte avouera plus tard avoir été impressionnée par « l'intelligence hors norme » du lycéen. Ils s'entendent parfaitement bien. Subjuguée par ses talents d'écriture, elle le cite en exemple en classe, lit les poèmes d'Emmanuel devant tous les élèves. Lui, loue sa culture inouïe, son enthousiasme et son dynamisme.

En fin d'année, la pièce est jouée à la Comédie de Picardie, le plus grand théâtre d'Amiens. C'est un succès. Alors que la salle applaudit à tout rompre, Emmanuel se jette à l'eau, il déclare sa flamme à Brigitte. Il l'aime, lui dit-il, il veut vivre avec elle. Elle a certes vingt-quatre ans de plus que lui, elle est mariée et mère de trois enfants, mais son amour n'a pas de limites. La jeune femme ne veut pas y croire, il doit l'oublier. Face à son insistance, semaine après semaine, Brigitte résiste puis lui conseille de se plier docilement à la décision de ses parents qui veulent l'envoyer suivre sa terminale loin d'Amiens, au lycée Henri-IV à Paris. Il faut éteindre la passion qui couve.

Françoise et Jean-Michel sont catastrophés. Ils ne veulent pas entendre parler de cette histoire. Surtout, ils craignent qu'Emmanuel gâche sa vie, il est si jeune. Après tout, il a seulement seize ans. Jean-Michel argumente, essaie de faire parler la raison. Sa femme fixe son fils en silence. Mais c'est elle qui va dénouer la situation : on va « exfiltrer » l'ado à Paris. Une manière de gagner du temps et de jouer l'usure. Loin des yeux. À Paris, l'élève oubliera Brigitte, croient-ils. S'il reste, c'est la promesse d'un malheur certain. Quels parents n'auraient pas réagi de la sorte ? L'adolescent finit par s'incliner. Mais il promet à Brigitte : « Vous ne vous débarrasserez pas de moi, je reviendrai et je vous épouserai. » Emmanuel vit son départ d'abord comme « une blessure ». Qui restera vive longtemps. La suite, Brigitte la dévoile : « Le premier trimestre n'a pas été drôle. On s'appelait tout le temps, on passait des heures au téléphone. Petit à petit, il a vaincu toutes mes résistances, de manière incroyable, avec beaucoup de patience. »

Alors, à dix-huit ans, dans le plus grand secret, Emmanuel commence de vivre son amour interdit avec une femme plus âgée et démarre l'écriture d'un roman, puis d'un second, qui ne seront jamais publiés. L'insouciance, malgré l'inquiétude de Françoise et Jean-Michel Macron. Et malgré les rumeurs qui commencent à circuler à Amiens. C'est d'ailleurs un coup de fil anonyme qui préviendra la direction de La Providence. L'affaire passerait mal en ville si l'information avait le malheur de se répandre. Ce serait peut-être un drame. La famille de Brigitte, les Trogneux, occupent dans la cité une situation sociale très enviable. On ne plaisante pas avec les codes et les bonnes mœurs. Brigitte entend donc la préserver au maximum. Elle le veut pour ses parents comme pour ses trois enfants, Sébastien, Laurence et Tiphaine, et pour leur père.

La discrétion est tout autant de rigueur chez Françoise et Jean-Michel. Emmanuel poursuit ses études. Après avoir raté le concours d'entrée à l'École normale supérieure, il opte pour la philosophie, puis poursuit son cursus à Sciences-Po et l'ENA avant de rejoindre l'Inspection des finances en 2007. Cette même année, Brigitte intègre le lycée jésuite Saint-Louis-de-Gonzague à Paris, dans le XVIe arrondissement. C'est en 2007 qu'ils décident de se marier. Le 20 octobre, la famille Macron, les amis, les copains d'Amiens, de l'ENA, entourent Brigitte et Emmanuel au Touquet, dans la villa de bord de mer dont la mariée a hérité de son père, décédé quelques années plus tôt. Au cours de la soirée, il prend la parole : « Nous sommes très heureux que vous soyez là pour nous accompagner. Chacun a été le témoin de ce que nous avons vécu, et vous l'avez accepté. Ce n'est pas commun. Nous ne sommes pas un couple tout à fait normal, même si je n'aime pas ce mot, mais un couple qui existe. Et c'est grâce à vous. » Attablés, Françoise et Jean-Michel Macron sont bien obligés de reconnaître que l'idylle n'est en rien farfelue… Fin des secrets !

Longtemps, Brigitte et Emmanuel restèrent discrets sur cette union. Ce mariage est un couronnement pour Germaine qui a soutenu si longtemps son petit-fils. Quelques années plus tôt, c'est auprès d'elle que l'adolescent s'était réfugié quand le conflit avec ses parents avait éclaté. C'est encore elle qui s'était occupée de lui trouver un logement à Paris.

Le décès de Germaine en 2013 est vécu comme un drame par Emmanuel. Il veille minutieusement à ses obsèques dans les Hautes-Pyrénées. Ce qui n'a pas atténué son chagrin. Il sait déjà qu'il ne s'en remettra jamais. Ce jour-là, dans les bras de sa mère, il redevient un enfant.

Souvent, il repense à cette grand-mère qui a embelli sa vie : « J'aurai peut-être été son dernier élève. À présent qu'elle n'est plus, il n'est pas de jour où je ne pense à elle et où je ne cherche son regard. » Il ajoute, comme un ultime hommage : « Nombreux sont ceux qui n'ont pas eu la chance que j'ai eue. »

8.

Viviane et Bruno Le Maire

La mère qui l'a grandi

Un instant, ils se sont demandé ce que pouvait bien lui vouloir cette femme. Dans la salle surchauffée où les huées se mêlent aux sifflets et aux applaudissements, elle a quitté son siège au premier rang, pour aller ostensiblement embrasser Bruno Le Maire. Elle est grande, jolie, les cheveux blancs, coupés court. Personne ne l'a reconnue… Ce 15 novembre 2014, l'ambiance est électrique au meeting de Sens commun, la branche ultra-catholique de l'UMP. Deux mille personnes se sont déplacées pour écouter successivement les trois candidats en lice pour la présidence du parti. Bruno n'a pas la cote ici. « Autour de moi, les gens disaient vraiment des horreurs. J'ai souffert. J'ai compris ce que c'était que la haine, raconte Viviane Le Maire. C'est pour cela qu'il fallait que je pose un acte fort, le soutenir de toutes mes forces, lui dire que j'étais à ses côtés malgré nos divergences. » Elle non plus n'est pas d'accord avec son fils qui s'est prononcé en faveur du mariage homosexuel. Plus précisément, lorsque le texte a été mis en débat à l'Assemblée nationale, au cours du 1er trimestre 2013, le député de l'Eure s'est abstenu de voter. La vérité de toute cette affaire, c'est que Bruno Le Maire n'a pas changé brusquement de conviction. Simplement, il rappelle que dans le passé, en 2007, il avait été promis par la majorité d'alors de mettre en place un contrat d'union civile pour les couples homosexuels. Cela n'a pas été fait. Il le regrette, jugeant que, si son camp avait tenu parole, cela aurait évité la loi Taubira. Puisque rien n'a été fait, il ne se sent pas à l'aise désormais pour voter contre une loi qui a au moins le mérite d'exister. D'où l'hostilité flagrante au cœur même de ses partisans. Et cette femme qui se dresse, sereine, sûre d'elle au milieu des huées, et vient lui redire son amour. Un geste d'autant plus fort que Viviane porte sa foi en bandoulière. Elle est une catholique fervente qui agit chaque jour en fonction de ce à quoi elle croit… « C'est déjà pour moi, dit son fils, le signe d'une grande ouverture d'esprit et aussi le symbole d'une femme qui peut évoluer sans jamais renier ses principes. » Il en est devenu encore plus admiratif de sa mère.

Viviane est très engagée dans les réseaux catholiques, très croyante, et, tout au long de sa vie professionnelle, n'a dirigé que des établissements catholiques. La religion occupe donc une place primordiale dans sa vie. Et le Mariage pour tous ne fait évidemment pas partie de son environnement ni de ce à quoi elle croit. Elle pourrait donc espérer que son fils, qui fait de la politique, ne se situe pas sur une position aussi opposée à la sienne, à propos d'un sujet aussi sensible. Mais elle a compris d'abord ce que lui expliquait son cœur de mère. Fin de l'épisode douloureux. Ce n'était sans doute pas nécessaire mais il a prouvé que l'alliance entre la mère et le fils était sans faille. L'amour à toute épreuve.

Dix-huit mois ont passé, Viviane a rejoint pour l'été des vacances la maison de famille acquise il y a une vingtaine d'années à Saint-Pée-sur-Nivelle, à un quart d'heure de Biarritz. Tout à l'heure, elle nous racontera « son » Bruno. Pour l'instant, elle lui laisse la place. Il est là, lui aussi, venu entre deux réunions de campagne en vue de la primaire de la droite et du centre. Quelques heures de détente en famille, de temps en temps, c'est toujours ça... De son côté, elle est en pleine effervescence et il y a de quoi. Les quatre enfants de Bruno sont là, ceux de Sibylle, sa sœur, aussi. Viviane, grand-mère parfaite, gère tout ce petit monde avec dextérité et une chaleureuse autorité. Elle a soixante-dix ans, qu'elle porte avec élégance, affiche un dynamisme éclatant et, surtout, respire l'intelligence et l'humanité. Son âge n'est certes pas un fardeau. L'été est flamboyant, la lumière somptueuse à cette heure de la journée où les plus raisonnables quittent les plages et l'océan rageur pour se replier, repus de soleil, vers des bâtisses sereines et ombragées. Tandis que Viviane s'affaire à l'intérieur de la maison, Bruno commence à raconter leur « histoire ». Il y a là beaucoup d'amour, on n'en doutait pas. C'est aussi une histoire simple même si les mots pour la décrire ne viennent pas aisément.

D'abord il sourit. Puis il hésite encore avant de se lancer. Parler de sa mère c'est, dit-il, parler de ses parents... On ne l'aurait pas juré, mais puisqu'il en est certain... Aussitôt, il enchaîne. Sur son père, lequel avait vingt-cinq ans de plus que sa femme, et a donc eu ses enfants assez tard. « Cette différence d'âge a créé entre nous, même avec les aînés, une distance qu'il n'a jamais su réduire. Il avait aussi un caractère assez froid et très peu porté sur l'affection[1]. » Bruno reste concentré, comme s'il était en train de rassembler ses idées et de les ordonner. Même s'il semble satisfait d'avoir précisé sa pensée tout de suite. Sa mère ? Il y vient. Mais ce n'est décidément pas facile. Il est encore en référence à son père quand il note que, sorte de vase communicant, la distance avec l'un a créé une proximité plus grande avec l'autre. « Dans la mesure où la différence d'âge était réduite, j'ai toujours eu de la facilité à me sentir plus proche de ma mère. »

On espère à ce moment qu'il va se lancer dans un portrait de Viviane, au moins une ébauche qui nous en dirait un peu plus que ce que l'on sait déjà. Autre chose que des premières impressions à distance. On attend beaucoup de lui, mais il va falloir encore patienter, car, sans en avoir l'air, il recule le moment. Ce n'est pas de la gêne, bien sûr, c'est la volonté de trouver l'instant clé et les mots forts. Après avoir disserté sur son père, il remonte plus loin, plus haut. « Quand on parle de ses parents, on parle de ses grands-parents, forcément. C'est indissociable, et je ne peux pas oublier à quel point nous sommes construits par tous ceux

1. Entretien réalisé le 4 août 2016, à Saint-Pée-sur-Nivelle.

qui nous ont devancés. Je n'ai jamais eu de lien très fort avec mes grands-parents paternels, certes, mais mon éducation a été faite en grande partie par ma grand-mère maternelle et même par mon arrière-grand-mère, une femme extraordinaire, d'origine brésilienne, morte quand j'avais cinq ans. J'en garde le souvenir, précis, d'une femme très originale, d'une grande singularité, avec une façon de voir les choses jamais conforme. Et ce sont des traits de caractère qui m'ont marqué à vie. Avec Isabelle, ma grand-mère, c'est autre chose, de plus précis encore, de plus intime et inscrit dans une grande partie de ma vie. Une relation très forte, très affectueuse, et aussi très enrichissante pour moi. Elle m'a appris à lire, m'a donné le goût de la lecture, des voyages, de la musique. J'ai de multiples souvenirs de moments de vie partagés avec ma grand-mère, qui m'a emmené aux États-Unis, nous avons voyagé en Europe, nous sommes allés à Vienne ensemble… D'une manière générale, j'ai quand même été beaucoup élevé par des femmes. Cet univers féminin autour de moi m'a terriblement marqué. Un environnement lumineux, très simple, éloigné de toute convention. » Simplicité et originalité, deux mots qui reviennent volontiers dans la bouche de Bruno. Il semble parfois les mettre en avant, comme pour se défausser d'une image trop policée qui lui colle à la peau.

Dès qu'il parle d'originalité, de simplicité, on entend d'abord une critique sourde de ce que fut son père, par contraste, plus encore que le souci de vanter les traits de caractère de sa mère et de ses grand-mère et arrière-grand-mère. Ces femmes dans le regard desquelles il s'est élevé. « Il y a ma mère, ma grand-mère et mon arrière-grand-mère, les repères de ma vie. » Sa grand-mère avait une maison toute simple à Saint-Ferréol où, enfant, il passait ses vacances. Saint-Ferréol se trouve à côté de Revel en Haute-Garonne. « C'est là que nous allions l'été et nous y passions des vacances simples, libres, nous nous baignions dans le lac, nous lisions, nous discutions, nous jouions avec mon frère, et tout cet environnement grand-maternel reste dans mon souvenir quelque chose de très lumineux, de très simple. Et je pense, je suis même certain que c'est cet environnement qui m'a permis de créer avec ma mère un lien de grande proximité. » Un peu comme s'il s'était trop avancé, il nuance : proximité ne veut pas dire dialogue permanent… Il ajoute qu'il y a parfois des manières de s'unir plus fortement encore dans le silence.

Cette relation est faite de beaucoup de silences, dans la mesure où ils n'ont pas besoin de se dire les choses pour se comprendre. « Quand quelque chose nous touche vraiment, on en parle, on se le dit, mais nous n'avons pas besoin de longues discussions pendant des heures entières. Je peux passer une semaine sans l'appeler, cela n'a pas grande importance. » Avec une extrême pudeur, il évoque deux moments particulièrement douloureux au cours desquels mère et fils ont eu le triste privilège de partager leur peine. La mort de son père en 1999 et, il y a quelques années, la mort brutale et choisie de l'homme avec lequel Viviane Le Maire avait recommencé sa vie.

On sait que les mots n'aident pas toujours dans ces moments de grande douleur, on en est certain du côté de Bruno et de Viviane. Il y a des regards qui soutiennent plus que n'importe quelle phrase, des pressions de la main, une manière de s'entourer qui ne trompe pas. Comme si le fait d'avoir évoqué ces deux drames avait libéré quelque chose chez lui, Bruno se met à parler plus volontiers de Viviane : « Je ressemble physiquement à mon père, mais je tiens d'elle mon caractère. » Il espère lui ressembler au moins sur un point, elle a le goût des gens. Lui aussi s'intéresse aux autres. En cela, il ne doute pas qu'elle lui ait inspiré sa vocation politique. Puis il revient vers son père pour se souvenir, énonçant à quel point tout cela est enchevêtré dans sa tête et dans son cœur, que ce fut un père soucieux de ses enfants, qui s'en occupait très bien. Mais avec lequel, ajoute-t-il, « j'ai entretenu une relation absente ». Il ne consacre du temps à Maurice que par petites touches. Comme on cherche un équilibre. D'ailleurs, il précise : « Mes autres frères ne diraient pas la même chose. » Ils sont six en tout, cinq garçons et une fille, et il reconnaît que le problème de sa relation avec son père est particulier.

Il va jusqu'à dire que Viviane, qu'il appelle Muche dans l'intimité, a beaucoup compensé la froideur de son mari à l'égard de ce fils pour lui apporter la chaleur dont il manquait. « Pas du tout, répondra Viviane, plus tard. Cette histoire de difficulté avec son père, nous avons commencé à en entendre parler très tard dans sa vie, alors qu'il était déjà un homme mature, presque envolé. Le problème de

Bruno et de son père, c'est qu'ils n'ont jamais su se parler. Mon mari était d'une famille du Nord, où on n'exprime pas ses sentiments. Maurice était en vérité très fier de la carrière de son fils qui avait notamment réussi son entrée à l'ENA – à laquelle lui-même avait dû renoncer. » Elle s'arrête, semble chercher dans la profondeur de ses souvenirs une ou plusieurs explications à ces ratages. Puis elle lâche, comme si elle l'avait enfermée trop longtemps, cette phrase en forme de sentence : « Je crois que Bruno a réalisé tout ce qu'aurait voulu faire son père, et que mon mari était intimidé par son propre fils. » Elle l'a dit, enfin, et s'en trouve comme soulagée. Plus libre. « Maurice était en admiration de ce fils et ne voulait pas le montrer à ses autres enfants. Ce n'était pas seulement son côté taciturne, il y avait de la délicatesse. Ne pas blesser un frère, une sœur, en mettant en exergue les résultats brillants de Bruno, c'était son exigence. » « À un moment donné, affirme Bruno, les choses se figent, vous n'arrivez pas à parler, vous ne parlez pas, et puis les années passent, et vous n'arrivez jamais à parler, et vous n'aurez jamais parlé, et votre père meurt et puis voilà, les années ont passé et vous vous êtes manqués. Il n'y a pas eu d'hostilité, mais nous nous sommes manqués. »

Quand il compare les origines de ses parents, Bruno marque son penchant naturel en faveur du côté maternel. « Ce qui plaît à Bruno dans mes origines, répond Viviane à distance, s'oppose au côté rigoriste et traditionnel de la famille dont est issu son père. Famille de province, vie à la dure mais pleine de fantaisie, côté maternel, avec une grand-mère très originale… c'est plus attirant. » Bruno serait donc en proie à un désir de fantaisie ? Surprenant… et assez loin de l'image parfois rigide, parfois coincée, qu'il donne en public. « En vérité, corrige sa mère, il n'a jamais été un premier de la classe raide et pontifiant. Il avait même parfois des attitudes rebelles. Je me souviens qu'en classe de troisième, alors qu'il travaillait sérieusement, et plutôt bien, il a soudainement refusé d'apprendre les règles en général et le subjonctif présent en particulier ! Curieux, mais c'était comme ça. L'affaire est allée assez loin, au point que nous avons été convoqués par son professeur de français, lequel nous a indiqué que, dans ces conditions, il s'opposerait au passage en seconde… J'étais catastrophée et mon mari hors de lui. La soirée qui a suivi a été terrible… Bruno, ce pouvait être aussi cela. »

Il est en tout cas, aujourd'hui encore, un fils en admiration, selon lequel Viviane incarne en toutes circonstances un grand courage.

Quand il parle d'elle, des blessures que la vie lui a infligées, de la force qui lui a permis de surmonter chaque épreuve, il devient très émouvant. « Elle a affronté très jeune, elle devait avoir un peu plus de dix-neuf ans, la mort de son père, succombant à une blessure de guerre après d'interminables souffrances. » Elle était donc orpheline quand elle a épousé, à vingt et un ans, Maurice Le Maire, lequel avait passé la quarantaine. Après leur mariage, en 1967, le couple s'installe d'abord à Neuilly puis avenue Victor-Hugo à Paris.

L'année suivante, ils ont leur premier enfant. Cinq autres suivront en dix ans. Viviane se plonge dans la vie surchargée de mère au foyer, gérant sa petite entreprise de six enfants de main de maître. Sa propre mère l'aide beaucoup, notamment avec les deux aînés, Éric et Bruno.[1] Pas question de travailler à l'extérieur, il y a suffisamment à faire à la maison pour une femme énergique qui ne veut négliger aucun de ses enfants. Son idée de l'éducation ? « La médiocrité est bannie et l'excellence une règle », se souvient le fils. Et celui qui aurait débarqué n'importe quelle fin d'après-midi chez les Le Maire, à Paris, aurait eu l'impression d'arriver dans un bureau d'études. Autour de la table, dans la salle à manger, Viviane était là, fidèle au poste, pour faire travailler ses enfants, et éventuellement les plus proches amis ! Capitaine exigeant, elle faisait reprendre les leçons et refaire les exercices tant que tout n'avait pas été compris.

En 1999, à la mort de son mari, elle devient une jeune veuve. Quand il évoque le décès de Maurice Le Maire, en octobre 1999, à l'âge de soixante et onze ans, Bruno ne peut éviter de le rapprocher de la douleur de sa mère, des épreuves endurées alors, et de son courage inouï. Maurice venait de s'éteindre dans une unité de soins palliatifs, un mois tout juste avant la naissance de Louis, le premier

1. Éric Le Maire est né en 1968, Bruno en 1969, Tanguy en 1973, Sibylle en 1974, Olivier en 1976, Hugues en 1979. Bruno a lui-même quatre fils… « Après, dit-il, nous avons renoncé à l'espoir d'avoir une fille. »

enfant de Bruno. Il était affaibli depuis des mois par une tumeur au cerveau qui le faisait souffrir de migraines atroces. « Petit à petit, raconte le fils, cette tumeur lui a fait perdre son équilibre, puis la mémoire, puis toute forme de raisonnement sensé. » Cette mort brutale, cette agonie horrible, le fils a encore du mal à les évoquer aujourd'hui. La douleur atroce, le visage tourmenté de son père qu'il revoit régulièrement, les semaines de déchéance physique et intellectuelle qui ont précédé la mort, autant de cauchemars qu'il porte encore en lui et qu'il portera sans doute jusqu'au bout de sa vie. Au-delà de sa propre douleur, de son effarement devant les ravages causés par la maladie, Bruno ne peut oublier ni la peine ni le courage absolu de sa mère qui, jusqu'au dernier moment, soignera son mari avec un dévouement et une affection magnifiques. Viviane avait alors à peine plus de cinquante ans. Elle se trouve dans l'obligation de changer de vie, avec énormément de responsabilités et plus les mêmes moyens. Maurice Le Maire, secrétaire général du groupe Total, occupait une haute fonction, ce qui lui permettait d'assumer un train de vie important.

Après la mort de Maurice, cette femme encore jeune, dont les six enfants vivaient maintenant loin du foyer, doit repartir sur d'autres bases. Elle va où son cœur la porte depuis longtemps, l'enseignement. Professeur des écoles d'abord, Viviane devient directrice de l'école de Chaillot, dans le VIIIe arrondissement, puis responsable du petit collège à Franklin. Ensuite, elle prend la direction d'une maison de retraite,

La Providence, dans le XVIIIe arrondissement de Paris, pendant deux ans, avant d'intégrer le groupe scolaire Notre-Dame-de-France qu'elle dirige encore aujourd'hui. Son choix de travailler est assumé. Elle a passé une grande partie de sa vie à s'occuper de ses enfants, désormais elle ressent le besoin de faire autre chose et d'être autonome.

Plus tard, elle devait rencontrer un autre homme, qui s'est brusquement suicidé il y a quelques années. Une épreuve de plus, affrontée avec courage et dignité. C'est, selon Bruno, simplement une attitude par rapport à la vie. Il sourit lorsque nous lui demandons s'il existe des points de conflit, des heures de dispute avec sa mère, s'il y en a eu parfois. « Non, jamais. Évidemment, il nous arrive de nous disputer, mais jamais nous n'avons eu à affronter le moindre conflit. Lorsque pour telle ou telle raison une dispute s'engage, nous avons l'habitude de résoudre le problème par la discussion. » Il ajoute, comme si ce qui suit allait de soi avec ce qui précède, que Viviane s'entend parfaitement avec Pauline, son épouse. D'abord, on ne saisit pas toute l'importance de la confidence. Et puis on comprend. Il prend un immense plaisir à évoluer, depuis tout petit, dans un univers féminin. Et il est bon qu'aucune ombre ne vienne gâter son plaisir. Sa grand-mère, sa mère, sa femme, ce sont les vrais piliers de sa vie et c'est bien du bonheur de les voir s'entendre à merveille. Il est, irrésistiblement, le produit de plusieurs femmes et s'en enorgueillit. Nous lui soumettons que, selon Baudelaire, les hommes élevés par des femmes ne sont peut-être pas tout à fait comme les autres : il éclate de rire en réponse. Puis il confesse être au quotidien surtout entouré d'hommes : il avait quatre frères et une sœur, a aujourd'hui quatre fils et pas de fille… Il parle aussi de cette sorte de férocité que les femmes ont à défendre ce en quoi elles croient et ceux dont elles sont le plus proches. À commencer par leurs enfants. Cela force son admiration. Nous lui rappelons la phrase de Camus : « Je défendrai ma mère avant la justice[1] » : « Ma mère pourrait faire sienne, en la renversant, la phrase de Camus. Elle choisira toujours ses enfants. » De tout ce qu'a pu lui apporter sa mère, il retient aussi, et il a tenté de l'appliquer dans l'éducation de ses enfants, l'équilibre nécessaire entre le cerveau et le corps. « Elle considère, et elle a mille fois raison, que c'est bien de lire, de faire des études, de réfléchir, de travailler, de se servir de son cerveau, mais qu'il faut aussi faire du sport. Et si on n'équilibre pas ses activités physiques et ses activités intellectuelles, le déséquilibre qui s'ensuit est, selon elle,

1. Phrase, largement critiquée, adressée aux terroristes algériens qui plaçaient des bombes dans des autobus ou des tramways à Alger ou à Oran, au nom de leur combat pour l'indépendance. La mère de Camus vivait en Algérie. Au cours de la conférence suivant la remise du prix Nobel à l'écrivain français, à Stockholm, un indépendantiste algérien tenta de justifier devant lui la violence aveugle du combat mené par le FLN, par la volonté d'obtenir une indépendance qui ne serait que justice, c'est là que Camus répondit. À sa manière. Il savait que sa mère pouvait à tout moment se trouver dans un autobus déchiqueté par une bombe terroriste. Et à cette « justice », il préférait sa mère.

très profond. *Mens sana in corpore sano*, c'est devenu une évidence pour nous. »

Presque amusé, il replonge dans sa jeunesse pas si lointaine, l'époque où il préparait l'ENA, et se souvient de ce copain homosexuel avec lequel il préparait le concours et qui donc venait régulièrement chez lui pour travailler. Il reconnaît que cela posait un vrai problème à l'époque à Viviane, et même si ce problème, cette gêne qu'elle avait envers ce garçon, n'a jamais donné lieu à des veto ou des interdictions, c'était un souci. Aujourd'hui, quand, régulièrement, il lui arrive d'amener dans son entourage familial tel ou tel conseiller, collaborateur ou relation qui est par ailleurs homosexuel, ça ne la trouble pas « et je vois là aussi à quel point elle a été capable d'évoluer ».

Qu'est-ce qui compte vraiment ? On trouve la réponse dans le regard de Bruno, qui semble désormais établir un dialogue secret avec sa mère. « C'est le don de soi. Cela peut paraître pompeux, dit comme cela, mais c'est la vérité. Ma mère a fait toute sa vie ainsi. C'est un modèle de vie que j'admire. » Et puis, évidemment, l'éducation. Avant tout. Héritage maternel ? Sans aucun doute. Il en est arrivé à penser qu'elle est la base de tout échec ou de toute réussite. Il fait encore référence au passé de Viviane, à son investissement dans les écoles, à son propre passé, puisqu'il fut professeur. Il revient une énième fois – mais comment faire autrement ? – sur l'influence maternelle, autant pour ce qui est de l'exigence morale que cela induit – on ne ment pas, on ne triche pas – que pour l'immense affection donnée ou reçue au cours de l'enfance, et qui modifie le destin d'un être. Les choix d'éducation de Viviane sont à la fois ouverts et très balisés. « J'avais un certain nombre de critères communs à tous mes enfants : ils rentrent aux louveteaux, ils travaillent, nous passons les vacances en famille… en dehors de ça, chacun peut aller dans des directions qui l'inspirent plus particulièrement. » C'est ainsi que Bruno a quitté les louveteaux assez tôt. Il était choriste, petit chanteur, et ça lui prenait une grande partie de son temps, donc il a fait son choix. « C'est vital, dit-elle, que, dans une famille nombreuse, chacun ait sa liberté, que tous n'avancent pas de façon compacte. »

Selon le fils, l'influence de la mère s'est fait sentir très tôt. En 1972, à trois ans, il intègre l'école privée Les Moineaux, avenue Raymond-Poincaré, dans le XVIe arrondissement de Paris. On y pratique la méthode Hattemer qui a formé des générations d'enfants, des grands noms de la littérature, de la politique et du journalisme. De Jean d'Ormesson à Jean-Paul Sartre, en passant par Jacques Chirac, ils ont tous reçu l'enseignement de la lecture syllabique. Et puis les élèves comptent jusqu'à mille et apprennent des centaines de mots de vocabulaire chaque année. Bruno a trois ans, donc. C'est jeune. On peut même trouver que c'est un peu trop jeune pour débuter dans la carrière et pourtant… Ses premières rédactions et ses exercices de calcul se révèlent prometteurs. Seule son écriture reste encore illisible. Pour y remédier, il va avoir droit à deux années d'apprentissage solide, doublé de séances de lecture avec sa grand-mère maternelle, Isabelle, et sa mère. Lorsque, parfois, l'enfant rechigne à travailler et esquisse un refus de se prêter à des séances de lecture, sa grand-mère lui répète inlassablement : « Lire c'est être libre. »

Lorsqu'elle était elle-même enfant, Isabelle n'a pas eu la chance de pouvoir lire à loisir. Elle a longtemps caché son appétit littéraire à ses parents et a même dû se battre pour imposer sa passion. Autres temps, autres mœurs… Avec elle, Bruno apprend à lire avec plaisir. Il apprivoise les mots, les décortique, commence à jouer avec eux. Ces moments privilégiés avec sa grand-mère font partie, aujourd'hui encore, de ses plus beaux souvenirs. De sa mère, Bruno dit encore que « c'est une maîtresse femme avec un caractère bien trempé. Une mère joyeuse, sensible et aimante qui leur a transmis le goût immodéré des autres et le sens de l'écoute ». Pour une fois, il n'a pas fait de comparaison avec son père, dont on sait qu'il n'était pas toujours drôle, très calme et mesuré, poli sans être expansif, presque effacé bien que mondain… Un portrait qui, il est vrai, ne déclenche pas l'enthousiasme, surtout quand on le compare à l'image de cette mère incroyablement présente, dynamique et d'une gaieté permanente. Même lorsqu'elle n'apparaît pas dans les propos de Bruno, Viviane rayonne, quels que soient le proche et plus encore l'enfant qui parlent d'elle. « Elle avait pour nous une volonté et une exigence. Elle a donné sa place à chacun, prenant garde de ne jamais nous comparer quand l'un ou l'autre réussissait moins bien à l'école », raconte Sibylle, la jeune et unique sœur de Bruno.

Viviane sait aussi être drôle. Lorsqu'elle découvre que Bruno est tombé amoureux de Pauline, qu'il épousera en août 1998, elle est folle de joie. Un peu plus tard, elle apprendra qu'ils se sont rencontrés dans une auto-école, l'un et l'autre s'étant inscrits pour passer le permis de conduire. Amusée par la circonstance, lorsqu'elle fera la connaissance des parents de Pauline, elle commencera par leur lancer : « On inscrit nos garçons dans des rallyes et ils rencontrent leur femme dans une auto-école ! » Plus sérieusement, Viviane s'émeut de la solidité de son fils, de son attention permanente. « Même quand il est très occupé, Bruno n'oublie rien de ce qui est essentiel. Il ne manquera jamais un anniversaire. Après la mort de son père, il a été soudain plus attentif encore à tout ce qui me concernait, et cela pendant plusieurs années. Lorsque je me suis retrouvée seule une deuxième fois il y a quelques années, après la disparition brutale de mon nouveau compagnon, il a été d'une pudeur, d'une tendresse et aussi d'une attention extrêmes. »

L'art d'être grand-mère, Viviane le cultive aussi et son fils s'en réjouit. Dans les moments lumineux que sa mère offre à ses petits-enfants, Bruno retrouve toutes les sensations de sa propre enfance auprès d'Isabelle. « C'est vrai, tout cela, c'est un bonheur plus grand encore parce qu'il est partagé. J'aime m'occuper des enfants de Bruno et laisser libre cours à mes envies, d'autant que mon fils, comme sa femme, Pauline, me fait entièrement confiance. Les enfants n'arrivent pas chez moi avec une liste de précautions à prendre, de choses à faire ou à ne pas faire. Cette confiance est primordiale. Pauline est une grande artiste qui s'épanouit dans sa vocation comme Bruno dans la sienne. Donc j'ai un rôle qui compte et je m'en réjouis. » Viviane Le Maire fait de son âge un atout, de ses cheveux blancs un compliment et le signe d'un renouveau permanent. Dans le bleu de ses yeux, Bruno, son fils, se reconnaît et continue de s'élever. Sans jamais oublier que c'est d'abord elle qui l'a grandi.

9.

Anne-Marie et Bernard Debré

La mère qu'on voit danser

Se souvenir des belles choses, c'est le titre d'un film, c'est aussi un art de vivre. Bernard Debré, grand professeur de médecine, qui fut ministre et reste député, est un artiste avec des accents de poésie. Et il sait se souvenir. Quand il raconte sa mère – il dit presque toujours « maman » et c'est d'une fraîcheur admirable chez cet homme de soixante-douze ans –, il ne cède jamais à un trop-plein d'émotion, à une quelconque nostalgie. Anne-Marie n'était pas quelconque, c'est le moins que l'on puisse dire. Elle était vive et belle, sa démarche était unique. Une sorte d'enchantement, un peu comme si elle dansait légèrement plutôt que de marcher comme tout le monde.

La voix grave et parfaitement timbrée de Bernard évoque en sourdine, pour ne pas gêner notre entourage, une enfance peu ordinaire dont les souvenirs envahissent le petit bureau de l'Assemblée nationale. On s'y croirait… Il s'en voudrait de teinter de gravité des années que sa belle humeur, son humour piquant et sa légèreté avaient remplies de gaieté. Oui, la femme du grand homme était joyeuse, pétillante et mettait de la vie dans tout ce qu'elle faisait.

Entre guerre d'Indochine et guerre d'Algérie, au cœur d'une tragédie française et de la décadence de la IVᵉ République, le grand homme, Michel Debré, l'époux d'Anne-Marie, avait aidé le général de Gaulle, à partir de 1958, à remodeler le visage de la France. La tâche était immense. Au ministère de la Justice, d'abord, il avait écrit la nouvelle Constitution qui servirait de socle à la Vᵉ République. Famille d'exception, les Debré comptaient plusieurs académiciens, un prix Nobel, des cerveaux de la médecine. Il était dit que l'éclat de la famille brillerait encore. Le soir de Noël 1958, Anne-Marie et Michel apprenaient à leurs enfants qu'à partir du 1er janvier 1959 celui-ci devenait Premier ministre, « l'une des deux occasions où j'ai vu ma mère pleurer. De joie, ce jour-là. L'autre fois, c'était quatre ans plus tôt, à l'annonce, par la radio, de la chute de Diên Biên Phu[1]. "Les malheureux", dit-elle, simplement. » Ses larmes coulaient. Pour ses enfants, c'était une première. Cette émotion semblait vouloir accompagner les dix mille soldats français faits prisonniers et dont moins de trois mille reviendraient un jour d'Indochine, dans un état déplorable. Quatre ans plus tard, l'émotion était allégresse. La joie, c'était la marque de cette femme issue elle aussi d'une famille illustre, les Lemaresquier, qui comptait dans son rang de grands personnages et notamment un immense architecte, mais se distinguait avant tout par sa fan-

1. Entretien réalisé à Paris, le 15 décembre 2016.

taisie… « Les Lemaresquier étaient drôles, farfelus parfois. Comme cet oncle qui, en Bretagne, allait à la pêche en smoking ! Et à ceux qui s'étonnaient, il répondait : "Quand voulez-vous que je mette mon smoking ? Je n'ai plus beaucoup d'occasions de le porter désormais." »

Bernard a mille autres anecdotes autour de la fantaisie familiale, notamment le jour où Anne-Marie décida de boire son rince-doigts pour démontrer au général de Gaulle que tout le monde allait l'imiter. Ce qui intéresse avant tout le fils, c'est de partager un certain regard sur sa mère. Nous faire découvrir, par exemple, la femme modèle de tous les jours derrière l'épouse exemplaire de l'homme d'État. Jamais figée dans son rôle. Toujours à l'abri de l'ennui et des convenances guindées. Anne-Marie, c'était d'abord un sourire et tant de gentillesse qu'elle déployait, infatigable, pour accueillir le mieux du monde les personnalités qui venaient visiter Michel Debré. Tout le monde l'adorait, de Jacques Chaban-Delmas, lequel détestait qu'on la surnomme Ninette, à Olivier Guichard ou Roger Frey, autres barons du gaullisme. Et jusqu'au Général, complètement séduit par sa grâce et sa manière exquise d'être libre, toujours. La bienveillance d'Anne-Marie ne se cantonnait pas aux visiteurs officiels. Elle allait déjà à ses fils et à son mari. Sans quitter son éternel sourire, sans se départir d'une charmante joie de vivre, elle organisait tout, veillait au moindre détail. C'est elle qui décida que toute la famille irait habiter à Matignon lorsque Michel Debré fut nommé Premier ministre. « Les enfants, vous allez voir votre père encore moins qu'avant parce qu'il va avoir plus de travail et de responsabilités, donc, en logeant comme lui à Matignon, vous aurez une chance de l'apercevoir de temps en temps. » En janvier 1959, l'imposante famille quittait l'appartement de la rue Spontini pour investir l'hôtel Matignon. L'aîné des quatre garçons, Vincent, aurait bientôt vingt ans, François, dix-sept ans ; enfin, les faux jumeaux, Jean-Louis[1] et Bernard, devenus célèbres plus tard grâce à la politique, avaient alors quinze ans. Ils avaient pris l'habitude de ne quasiment jamais voir leur père, lequel partait travailler à partir de 6 heures et ne rentrait que rarement avant minuit. Désormais, ils le savaient quand même pas loin d'eux la plupart du temps et le croisaient de temps à autre, parfois l'espace d'un repas ou d'un petit quart d'heure partagé. À soixante ans de distance environ, Bernard se souvient d'une immense douceur de vivre, d'un sentiment diffus de bien-être, de sérénité, que communiquaient ses parents. « On peut imaginer que tout le monde était stressé du matin au soir et que l'ambiance était électrique, pas du tout. » Ni crises de nerfs, ni coups de gueule ou engueulades mémorables, la vie coulait doucement, à la maison, que ce soit rue Spontini ou à Matignon, bien à l'abri des intempéries de l'actualité. Plus étonnant, le sérieux des parents n'était pas source de sévérité. Michel et Anne-Marie avaient des principes moraux, de la rigueur et une forme de

1. Après avoir été magistrat, Jean-Louis Debré fut ministre de l'Intérieur de Jacques Chirac, président de l'Assemblée nationale puis président du Conseil constitutionnel.

rectitude. Ils les instillaient à leurs enfants d'abord par l'exemple. « Nous n'étions jamais punis, tout passait par la compréhension et la douceur. Le dialogue, surtout. Mon père était quelqu'un de très gentil. Jamais nous n'avons eu à subir ses foudres après une bêtise ou une mauvaise note en classe. Simplement, il venait dialoguer : "Je ne comprends pas, qu'est-ce qu'il se passe ?" Le ton était apaisant, toujours. Quand on pense à ses responsabilités, à son rôle au sommet de l'État, cela paraît incroyable. Même à moi qui l'ai vécu. »

En revanche, il n'était pas question de transiger avec une règle non écrite mais à laquelle Michel tenait par-dessus tout : ne profiter en rien des deniers de l'État. « Vous n'êtes là que parce que vous êtes les fils du Premier ministre et pour des raisons de commodité, disait Anne-Marie à ses fils. Pas question d'en profiter. » D'ailleurs, quand les enfants dînaient avec leurs parents, le père ou la mère faisait un chèque pour régler les repas des garçons. Quant à Louise, l'employée des Debré de longue date, elle prenait régulièrement le linge de chacun des enfants, les draps, et les emportait au domicile privé de la famille pour les laver. Pas question de faire exécuter ces tâches à Matignon. Même quand il arriva à Bernard de recevoir quelques amis pour une surprise-partie, il dut dès le lendemain nettoyer lui-même et tout remettre en place. « Ça nous a donné un sens des valeurs utile pour le reste de notre vie. » C'était une époque.

Anne-Marie s'appliquait à équilibrer la vie de ses hommes, à la leur faciliter. Même dans sa façon d'offrir son amour, elle cherchait un équilibre entre ses quatre enfants, sans afficher de préférence et surtout en s'appliquant à n'en ressentir aucune. Ce qui n'est pas si facile. « Elle a tenu jusqu'à ce que Jean-Louis et moi ayons dix-huit ans, si je me souviens. Là, j'ai pris conscience, soudain, et mes frères aussi, que j'étais le préféré. Sans doute pour une raison toute simple, je ne posais aucun problème alors que François avait commencé de s'approcher du monde de la drogue, que les autres, Jean-Louis notamment, avaient des difficultés scolaires. »

Avec Bernard, tout allait bien, lycéen brillant, puis étudiant en médecine parmi les meilleurs, il devait devenir un maître dans le domaine qu'il s'était choisi. Il avait aussi une ressemblance physique avec Anne-Marie qui époustouflait tout le monde sauf lui. Longtemps, il s'était résumé et résigné sans doute à être le fils de son père, et rien que cela. Il lui faudrait du temps pour apprendre ce que cela pouvait avoir d'injurieux pour Anne-Marie. À l'époque, il était encore trop jeune pour saisir ces nuances. Il subissait ces pièges que l'on nous impose et s'en montrait même assez fier. « Digne fils de son père »... Quel compliment ! Et quelle injustice, quand on y pense. Dans son aveuglement, il ne voulait surtout pas ressembler à sa mère, ce qui l'éloignerait forcément de l'homme dont il portait fièrement le nom. « Il a fallu que maman soit morte pour que je prenne conscience que j'étais son portrait. » Il aurait pu gagner du temps. Quelques années plus tôt, Anne-Marie rendait visite à un de ses petits-fils hospitalisé quand un médecin qui lui était inconnu l'aborda : « Pardon, madame, n'êtes-vous pas la mère de Bernard Debré ? J'ai fait mes études avec lui, il vous ressemble tellement ! »

L'essentiel, pour Bernard et ses frères, c'était la double beauté de leur mère, celle que l'on voyait et celle que l'on sentait. C'était sa malice aussi, car elle maniait l'ironie comme personne, sans blesser. « Maman était très drôle, avec un humour qui pouvait piquer sans jamais faire de mal. Elle aimait profondément les gens, il n'y a jamais eu de mur entre elle et qui que ce soit. Notre vieille domestique, Louise, faisait partie réellement de la famille. Et ce n'était pas une formule. » Tout le monde disait du bien d'Anne-Marie, de son intelligence, de ses manières délicieuses, de sa façon de savoir recevoir. Peut-être a-t-elle pu parfois se tromper dans certaines décisions ou faire preuve d'aveuglement. Quand François, le fils aîné, a plongé dans l'enfer de la drogue, elle l'a nié. Et Michel aussi. Ce n'était pas une incapacité à voir mais un refus de constater l'évidence. Bernard, étudiant en médecine, savait et il suppliait ses parents d'ouvrir les yeux. Ils ne le voulaient pas. Ce mal n'appartenait pas à leur monde, ils ne pouvaient même pas l'envisager, alors le combattre…

Comme tous les parents modèles, Michel et Anne-Marie n'étaient pas parfaits. Il leur est arrivé de commettre quelques impairs dans la gestion des rapports entre frères, dont les dégâts sont encore sensibles aujourd'hui. « Avec Jean-Louis, mon jumeau, nous partagions la même chambre, ce qui était normal. Il n'y avait pas beaucoup d'appartements assez grands, alors, pour que chacun des quatre enfants ait sa chambre. Soit. Nous dormions dans des lits gigognes et c'est Jean-Louis qui, chaque soir, devait tirer le lit du dessous puis le dresser avant de se coucher. Avec le recul, je ne comprends pas pourquoi maman ne mettait pas en place un système d'alternance qui aurait été plus équitable. Cela aurait évité une forme de jalousie qui s'est créée entre nous. Et qui perdure. » En revanche, et parce qu'elle sentait que se créait une différence qui pouvait engendrer des différends, Anne-Marie tentait maladroitement de corriger des faits incontournables.

Quand un cœur de mère se laisse aller, il n'est pas toujours cohérent. « Je brillais dans mes études tandis que Jean-Louis peinait. Au lieu de me féliciter, elle me rabrouait parfois au point de me mettre hors de moi : "Je ne vais quand même pas rater mon bac pour faire plaisir à mon frère !" Même chose quand j'ai été député alors que Jean-Louis venait d'être battu. "Quand même, tu aurais pu..." » Bernard revient vite sur la gentillesse d'Anne-Marie, son désir de faire le bonheur de ceux qu'elle aimait. Avec de petits excès qui prêtaient plutôt à sourire. Déjà, tous les amis des fils étaient bienvenus alors que les petites amies étaient critiquées au premier coup d'œil. C'était une règle absolue. « Tu as vu son genre ? », ou : « Elle ne sait pas se tenir », ou encore : « Tu as vu comment elle s'habille ? » En fait, l'idée était de marier les quatre garçons avec des filles de leurs amis, et Michel Debré était dans le complot. De temps en temps, il appelait un de ses fils et lui disait, comme si c'était une règle générale : « Voilà, je vais te soumettre trois noms, et tu pourras choisir ta future femme… » Ça n'a jamais marché, chacun des garçons a fait sa vie comme il l'entendait et dès que son choix était officialisé, Anne-Marie changeait radicalement d'avis sur sa future belle-fille, laquelle possédait désormais toutes les qualités !

Bernard raconte sa mère avec tendresse, et ne peut s'empêcher d'y mêler son père. Il dit « papa ». On ne sort jamais tout à fait de son enfance quand elle a été accomplie. Lui revient ce mot merveilleux d'Anne-Marie à la mort de Michel : « Je crois que, sans moi, il en aurait oublié la vie. » Elle fut un tel contrepoids dans son existence frénétique. Elle était l'équilibre. Aucun de ses enfants n'a jamais vu ce couple se disputer. Une certaine idée du bonheur. Ils s'étaient mariés en 1936, soixante années de traversée de l'histoire les attendaient. Leur chance commune, c'était de ne pas naviguer en solitaires. Les vilains souvenirs ne se bousculent pas. Quelques ombres, parfois, qui ne sont pas grand-chose au fond. Un peu de chagrin en telle ou telle occasion. Quand la vieillesse commençait de triompher de ce couple qui avait incarné une France renaissante. Les dernières défaites politiques de Michel, qui n'étaient rien au fond comparées à ses victoires. Il y eut cette année 1986 couronnée par une triple élection chez les Debré, à l'occasion des élections législatives. Une belle joie, la fierté des fils élus députés pour la première fois et celle de Michel, flatté dans son orgueil de père. Et puis, ce petit halo de tristesse sur le visage d'Anne-Marie qui s'adressait à Bernard et Jean-Louis, en aparté : « Vous venez d'enterrer votre père. »

Elle seule avait ressenti ce que ce glorieux passage de témoin pouvait avoir de meurtrier.

Ils s'aimaient tellement, Michel et Anne-Marie. Vers la fin de sa vie, Michel était atteint de la maladie de Parkinson. Lorsqu'on diagnostiqua un cancer du sein chez Anne-Marie, elle ne voulut pas qu'on en parle. Seul Bernard, en tant que médecin, était dans le secret. Elle avait la hantise que Michel, mis au courant, s'inquiète pour elle, alors que « le pauvre a déjà tellement de souci avec sa santé ». En 1996, il est devenu évident que Michel vit ses derniers jours. Admirable de dévouement, sa femme ne quitte pas son chevet. Jusqu'au jour où elle téléphone à Bernard qui n'oubliera jamais ses mots : « Je crois que ton père est mort. » Comme si le doute était encore permis. Comme si, justement, elle n'arrivait pas à le croire. Et quand Bernard se précipite pour se recueillir sur le corps de son père, elle murmure : « Regarde-le bien, profites-en une dernière fois parce que, après, il ne nous appartiendra plus. » Elle avait raison. Peu après, l'histoire et les honneurs officiels s'empareraient de la dépouille de l'ancien Premier ministre.

Il restait à Anne-Marie cinq ans à vivre. Une longue parenthèse avant de rejoindre son amour. La fidélité de certains amis ne s'éteignait pas. Jean Dutourd, grand écrivain de l'Académie française, avait pris l'habitude de venir voir son ami Michel Debré deux fois par semaine. « Après sa mort, Jean continua ses visites, deux fois par semaine il venait voir maman. » Peu à peu, Anne-Marie devenait aveugle. Elle en souffrait mais ne se plaignait pas. Tout juste reprochait-elle à Bernard, très occupé par son travail, de ne pas venir la voir assez souvent. « Mais, maman, j'étais encore là hier ! » Oui, mais il ne restait jamais assez longtemps.

Anne-Marie est morte le 12 mai 2001. Comme pour apaiser un chagrin qui ne voulait plus finir, Bernard a écrit quelques années plus tard un émouvant petit livre qui la raconte merveilleusement[1]. Par-delà la mort, le fils envoyait un message à sa mère. C'était aussi l'occasion de donner officiellement le premier rôle, pour une fois, à celle qui fut d'abord, pendant soixante ans, la femme de Michel Debré. C'est en tout cas ainsi que la voyaient ceux qui ne la regardaient que de loin. Certes, elle était cela et c'était sa fierté. Mais pas que cela. Anne-Marie était aussi une mère attentive et affectionnée, une maîtresse de maison incomparable, une amie sans faille. Sans vacarme, elle a gouverné la vie d'une famille qui était d'exception, en partie parce qu'elle savait la guider et la protéger. Mère avant tout mais aussi femme d'État. De cette vie qui fut riche, restent des souvenirs qui se bousculent dans le cœur de ses enfants. Et au moins, chez Bernard, une ardente espérance : « Quand mon tour viendra, je suis certain que ma mère viendra me chercher pour me prendre par la main. »

---

1. Bernard Debré, *Et si l'on parlait d'elle* ?, Éditions du Rocher, 2007.

10.

Odette et Aurélie Filippetti

Le réveil de la mère rouge

La vie, qui est toujours injuste, a aussi des férocités inattendues. Pour qu'Odette et Aurélie, mère et fille, se fondent en un amour parfait, il aura fallu attendre que disparaisse l'homme que l'une et l'autre aimaient le plus au monde. Angelo Filippetti est mort à cinquante-quatre ans, en 1992, victime d'un métier dont il savait les risques. Il était mineur de fond en Lorraine, à Audun-le-Tiche. Dans les mines de fer. Les gaz, les poussières, l'amiante aussi, tout finit par être meurtrier. Sept ans plus tôt, on l'avait amputé d'un poumon, et il était, semblait-il, guéri de ce cancer mais en était resté fragilisé. « La vie devient plus dangereuse lorsqu'on n'a qu'un poumon. » Dans un bar anonyme du XIIIe arrondissement de Paris, privé de toute vie, en ce milieu d'après-midi, Odette raconte[1], avec d'autres mots, ce qu'Aurélie évoquait la veille, dans un lieu plus animé. Mais l'émotion est la même, toujours aussi forte. En vingt-quatre ans, elle n'a pas pris une ride. C'est un événement, la

1. Entretien réalisé à Paris, le 6 octobre 2016.

mort d'un père. Et d'un amour. On ne s'en remet jamais tout à fait. Surtout quand elle frappe si fort et si jeune. Aurélie avait onze ans lorsque Angelo est tombé malade, elle en aurait bientôt dix-neuf au moment de sa disparition. Il y a des adolescences qui se passeraient bien d'un fil rouge. Dès les premiers temps, elle a vécu la maladie d'Angelo avec, selon sa mère, « beaucoup d'intensité douloureuse ». L'incontournable de leur vie, ce fut alors la maladie qu'il fallait contrecarrer, des moments d'espoir, des creux douloureux. Pendant deux ans, il recevait un traitement intense, et multipliait les séjours à Vence, dans une maison que l'on appelait la Maison des mineurs, où ceux-ci venaient soigner leurs problèmes pulmonaires.

Odette n'a rien oublié de ces journées, de ces mois, de ces années passés à tenter de repousser le danger. Tout en trichant un peu, parce qu'il fallait bien préserver la petite dernière, l'empêcher de prendre conscience de la gravité de tout cela. Les enfants ne voient pas tout, heureusement. Préserver Aurélie, c'était seulement reculer les mauvais moments qui viendraient, de toute façon, tôt ou tard. Cet amour d'une jeune fille pour son père, chaque jour grandissant, ne laissait pas le choix. Héros familial, figure locale, porte-voix des déshérités, Angelo incarnait une sorte d'homme idéal. Il recevait autant d'amour qu'il en donnait, et c'était beaucoup. Sa femme et sa fille semblaient parfois ne vouloir exister que dans son regard. Elles l'aimaient, chacune à sa manière, avec une force vive et, curieusement, sans jamais partager tout à fait leur passion. Aurélie était une enfant facile, studieuse, curieuse de tout, très vive, enjouée. Elle travaillait beaucoup par elle-même, n'avait pas besoin que quelqu'un soit derrière elle. « Elle ne nous a jamais donné du mal. Et nous apportait beaucoup de satisfactions, de bonheur aussi. »

À l'adolescence, elle quitte Audun-le-Tiche, son village d'enfance, à la frontière luxembourgeoise, pour Metz et l'internat. C'est sa volonté. Aller au lycée à Metz lui semble être un passage obligé. À ce moment, les relations parents-enfant se sont un peu tendues. Rien de grave, mais l'adolescente, sans être en rébellion contre ce père et cette mère qu'elle adore, cherche à trouver sa place autrement. Un peu de défi ne fait pas de mal. De toute façon, il est difficile de se confronter à Odette, sa sérénité, sa gentillesse profonde. Pas d'affrontements donc, entre mère et fille, mais quelques frictions bien normales. « Tout en étant souple, j'ai une ligne de conduite, même si je ne suis pas autoritaire. Il y a des choses que l'on fait et d'autres que l'on ne fait pas. Et des règles de vie : on partage les repas, on prévient quand on sort et on ne rentre pas à n'importe quelle heure. Pour le reste, je crois beaucoup à la valeur de l'exemple. » Quant à Angelo, pas de risque que la relation père-fille s'abîme. La jeune fille a une telle adoration pour son père, elle est si admirative de sa personnalité, que les velléités de contestation s'évaporent vite. Compte tenu de sa personnalité et de ses problèmes de santé, beaucoup de choses tournent autour de lui. « Il avait beaucoup d'emphase et de verve, commente Odette. Il avait aussi une histoire familiale très forte. Moi, j'étais un petit peu plus en retrait. » Toujours la discrétion. Aurélie, qui est désormais pensionnaire, rentre le mercredi et le week-end. La maison lui manque. Rien de tel qu'une coupure pour redécouvrir ce à quoi on tient vraiment. Et elle tient, passionnément, à sa famille. Ce qui restera plus tard de l'enfance, c'est un parfum de sérénité, d'amour soudé. La santé d'Angelo inquiète Odette mais elle garde tout pour elle. En elle. Se poser des questions sur l'avenir, ce serait comme une forme de renoncement prématuré à son mari. Le bonheur est là, pourquoi le voiler en communiquant ses angoisses ?

Quand il se trouve menacé, il est déjà trop tard pour s'interroger. Après son cancer, Angelo avait trop vite repris ses activités, et d'une manière encore plus frénétique. Animé par ses convictions, il s'est vite usé à la tâche, s'est épuisé dans ses divers combats et cette fois c'est le cœur qui a cédé. Opéré d'un triple pontage, ce qui n'est pas rien, il attrapait à l'hôpital une maladie nosocomiale qui devait accélérer sa fin. Quand Angelo a fini par mourir, comme un boxeur saoulé de coups, Aurélie allait avoir dix-neuf ans. Ce jour-là et ceux qui ont suivi, elle a connu le plus grand chagrin de sa vie, avec la certitude qu'il ne s'apaiserait pas beaucoup à l'avenir, et l'émotion d'une découverte intense : sa mère avait un autre visage. Ou peut-être était-ce autre chose, qui ressemblerait à la fois à un miracle et à une transmission. Odette s'est en tout cas vue changer dans le regard de sa fille. Elle a senti qu'Aurélie la découvrait telle qu'elle pouvait être quand le tragique du moment l'exigeait. « Jusque-là, j'étais toujours, malgré tout, dans le sillage de son père si ce n'est souvent dans son ombre. Nous menions les mêmes combats, heureusement, mais c'est lui qui attrapait la lumière. Moi, j'étais plus discrète. » Les enfants ne passent jamais à côté de ces nuances. Aurélie était tellement fascinée par ce père à l'image si forte. Elle en avait oublié longtemps de regarder sa mère du même regard fervent, la mort du père permettait au moins cela.

Angelo avait, depuis sa propre enfance, une histoire longue, tragique et rebelle. Ce mineur de fond, fils d'immigrés antifascistes italiens, venus travailler dans les mines de fer de Lorraine dans les années vingt, avait eu le chagrin de perdre son père dans des conditions infâmes. Résistant, celui-ci avait été arrêté sur dénonciation par la Gestapo, qui était venue le chercher jusque dans la mine avec d'autres malheureux. C'était en février 1944, Angelo avait six ans. Fin avril 1945, son père mourait au camp de Bergen-Belsen. Ce drame a marqué l'histoire de la famille au fer rouge. Au point d'envahir les mémoires et de ne pas laisser beaucoup de place à d'autres épisodes. Il y a, comme cela, des souvenirs qui accaparent les cœurs. Enfant puis adolescente, Aurélie s'en est imprégnée, au point de raconter ces jours sombres de 1944 dans un court roman[1], qui met aussi en scène les luttes de son propre père.

Mineur de fond, Angelo lutte d'abord pour des conditions de travail moins destructrices, puis pour empêcher la fermeture de sa mine, en Lorraine. Les combats d'Angelo, commencés dans les années

1. *Les Derniers Jours de la classe ouvrière*, Éditions Stock, 2003.

soixante, étaient beaux. Descendu dans la mine pour la première fois à quatorze ans, militant syndical, politique, maire, il était de tous les défis, de ceux qui impliquent la vie ou la mort, rien que ça, si loin de la politique politicienne et de ses petites combinaisons. Pour améliorer le sort de ses amis mineurs, pour défendre leur emploi, il pouvait aller jusqu'à donner sa vie, et c'est ce qu'il a fait au bout du compte. Odette se souvient : « Souvent quand je m'inquiétais pour sa santé, certains me disaient, “laissez-le faire, c'est sa vie…” Oui, c'était sa vie et ç'a été aussi sa mort. C'est tout cela qui l'a amené là où il est. Mais bon, c'était le sens de son existence. » Syndicaliste acharné, il devient conseiller général à partir de 1979 et maire d'Audun-le-Tiche en 1983. Il le restera jusqu'à sa mort.

Après tant d'années de bonheur, Odette a donc le malheur de devoir continuer son chemin sans lui. Il lui faut prendre un peu plus la lumière. Sa propre vie ne fut pas simple et son unique fille se fait désormais une fierté de la raconter. C'est au bout du compte une vie en hauteur dont Aurélie peut parler avec émotion et pudeur. Elle dit « ma mère », comme pour se protéger sans doute d'un trop grand sentimentalisme. Et va, pour commencer, à ce qui fait mal. Sa mère, donc, a eu une enfance dure, marquée par la mort d'un père alors qu'elle était bébé. Elle est née à Aurillac, fille d'une Alsacienne et d'un Italien qui s'y étaient réfugiés pendant la guerre avant de passer par les Ardennes. Son père était ouvrier et a fait une chute mortelle ; après cela sa femme a dû élever seule ses deux enfants.

Odette n'a donc pas connu son père, mort à trente-huit ans, alors qu'elle avait quelques mois. Mais elle n'oublie rien, même ce qu'elle n'a pas connu. La mémoire fait des miracles. Par la suite, elle ne recevra pas beaucoup d'aide, les échanges avec la famille paternelle ayant vite été coupés, mais tient à ce que « quelque chose en moi dise mes origines ». Elle énonce – avec l'accent – le nom venu d'Udine, en Italie du Nord, de ce père inconnu, Rovere, précise qu'Angelo venait, lui, d'Ombrie. Dans la plus grande pauvreté. Le décor est posé. L'immigration italienne, encore, le milieu ouvrier, toujours, le travail qui peut tuer, la pauvreté proche de la misère… Nous sommes bien dans cette partie de la vie et du monde qui a vu grandir plus tard Aurélie Filippetti, et dont elle a toujours l'élégance de se souvenir. Elle raconte ces années lointaines que, forcément, elle n'a pas connues. Et qui semblent pourtant appartenir à son vécu. « Ma mère était à Sedan avant de rejoindre son frère aîné parti travailler dans la sidérurgie à Longwy. Elle avait alors quatorze ans[1]. »

Odette est allée à l'école obligatoire, elle y a bien travaillé, était excellente élève, mais a dû abandonner ses rêves de poursuivre des études quand, à seize ans, elle fut contrainte de gagner sa vie. Par manque d'argent, sa mère n'a pu que l'inscrire dans une école de sténodactylo. Devenir secrétaire était loin de ses rêves. Elle n'avait pas vraiment le choix. Ensuite, la vie a donné un grand coup d'accélérateur sans apporter de remède. À dix-huit ans, premier

1. Entretien réalisé à Paris, le 5 octobre 2016.

mariage, premier enfant à dix-neuf ans, un deuxième à vingt ans. Très vite encore, le besoin de faire éclater un mariage sans éclat, de retrouver une forme de liberté. Elle demande le divorce à une époque où ça ne se faisait pas quand on était femme. Cela va durer des années. En fait de liberté, elle a surtout trouvé la solitude face à la dureté de la vie et retrouvé cette sorte de pauvreté contre laquelle il ne sert pas à grand-chose de lutter. Pourtant, elle lutte. Le début des années soixante n'est pas généreux envers les indociles, surtout quand il s'agit de femmes en rupture de mariage. Et le milieu n'y change rien. Chez les ouvriers aussi, on ne transige pas avec certaines traditions. Et l'on fustige la désobéissance. D'ailleurs, ce divorce va durer longtemps. C'était aussi une tradition de l'époque, les divorces à n'en plus finir. Surtout quand ils étaient initiés par l'épouse. « D'ailleurs, lorsque ma mère a rencontré mon père, elle a dû se cacher pendant une période interminable. Elle risquait le scandale et une décision judiciaire défavorable, avec tous les risques que cela comporte. » À la mise à l'écart et une forme d'esseulement, s'ajoute la difficulté à joindre les deux bouts.

Vingt-cinq ans avant, la mort d'Angelo, elle avait appris ce qu'était le dénuement que l'on doit affronter tous les jours et tenté d'en préserver ses enfants. « Je mesure la chance que j'ai eue par rapport à mes frères. Je mesure aussi l'abattement que ma mère a pu ressentir à certains moments. Ce sentiment d'être écrasée, abandonnée. » Aurélie semble compatir à une douleur qu'elle ne saurait s'accaparer. Elle insiste sur ce point qui semble lui tenir à cœur : par rapport à sa mère, elle a été tellement privilégiée.

L'histoire des femmes de sa famille est une histoire de femmes seules. Ses deux grands-mères ont été veuves très jeunes, ses tantes l'ont été très tôt. Toutes ont élevé seules leurs enfants, comme sa mère divorcée a, un temps, élevé ses deux premiers enfants sans l'aide de personne, avant un veuvage précoce. Et ce n'est pas un hasard ni une coïncidence. Elle vous parle d'une époque et d'un milieu où les hommes mouraient jeunes à cause de leurs conditions de vie et de travail, quand ce n'était pas la guerre. Son grand-père maternel travaillait sur un chantier quand il a été écrasé par une grue, son grand-père paternel a été raflé par la Gestapo.

En 1971, Odette est enfin libre d'aimer au grand jour et d'imaginer que son futur ressemblera à ces rêves qu'elle n'avait jamais osé faire. Après une décennie ou presque de souffrance et de mise au ban de la société, elle épouse enfin l'homme qui déjà illumine sa vie. Son nouveau statut lui permet d'essayer de rattraper les années perdues. Elle s'inscrit à des cours du soir pour pouvoir passer plusieurs concours qui lui ouvriront la fonction publique, entre à l'Éducation nationale, d'abord comme secrétaire, puis grimpe les échelons avec opiniâtreté, et devient intendante puis agent comptable. Elle y fera toute sa carrière.

Depuis ses années de jeunesse, Odette a milité dans différents mouvements politiques, le Parti communiste, les courants féministes, entre autres. Il n'était donc pas hasardeux qu'elle ait choisi, pour l'aimer toute une vie, un militant syndicaliste acharné, un de ces hommes qui font de leur vie un combat permanent pour plus de justice.

Comme si elle avait oublié quelque chose en chemin, Aurélie revient sur ce qui structure la personnalité de sa mère, la politique, toujours, main dans la main avec son mari, les combats féministes pour l'émancipation des femmes, l'exigence pour les femmes de ne pas être dépendantes d'un homme, de faire des études. Elle avait aussi une forte sensibilité artistique, dont Aurélie a hérité. « C'est quelqu'un qui aime beaucoup dessiner, même si elle n'a jamais pris de cours, elle aime beaucoup lire, est très attirée par l'écrit. Quand j'étais petite, elle me disait que son grand rêve aurait été d'être journaliste. »

La seule attente de cette mère qui fut si longtemps frustrée dans son parcours, c'est que sa petite dernière fasse des études. Plutôt des études scientifiques – elle en parlait souvent quand Aurélie était au lycée. Odette considérait que c'était un terrain de conquête intellectuelle pour les femmes. Ça ne l'empêchera pas d'être fière que sa fille entre à Normale sup. Plus tard, ce sera la politique.

Odette voulait aimer Angelo toute sa vie. Elle n'a que cinquante ans à sa mort. Son rêve exaucé prend une étrange couleur. Toute la vie aura duré vingt ans et des poussières. C'est déjà ça. Et puis, lorsqu'on la regarde, on ne peut pas ne pas voir qu'elle continue d'aimer par-delà la mort. Dès le premier jour de l'après, elle refuse de s'écrouler ou de se laisser détruire. Elle a trois enfants qui comptent sur elle, ont besoin d'elle. Au moins de son amour et de sa force. Elle refuse de s'apitoyer sur son sort et sur la disparition de son mari. Il a beaucoup souffert, était malade depuis longtemps. On n'arrête jamais assez tôt de descendre dans la mine. Oui, c'est une injustice de plus qui a frappé l'homme qui ne cessait jamais de se battre contre toutes les injustices. Continuer à vivre, c'est déjà redresser la tête. Seule, encore. Le mot lui colle à la peau. Elle mène sa carrière, exerce au collège Émile-Zola d'Audun-le-Tiche. Le travail, c'est bien, ça aide à penser à d'autres choses. « Nous étions une famille recomposée avant l'heure. Il manquait désormais un élément déterminant de cette famille. » Aurélie sourit mais son émotion est palpable quand elle évoque ces moments. Elle ajoute, comme si c'était une évidence et aussi le plus beau compliment qu'elle puisse faire à sa mère : « Elle m'a appris la liberté. » Odette sourit à cette idée. Elle espère surtout lui avoir donné l'image d'une femme qui s'assume. Ce n'était pas si évident car, même dans sa génération où les choses commençaient à évoluer lentement, les épouses étaient dans l'ombre du mari : « Heureusement, nous avions les mêmes convictions, mon mari et moi, ça aide à supporter les tourbillons de l'action militante qui auraient pu, sans cela, détruire la vie familiale. » Elle pense que c'est la disparition de son père qui a déclenché l'engagement politique d'Aurélie. « Elle a voulu s'engager sur les traces de son père. C'est une littéraire et je la voyais bien se diriger gentiment vers ce domaine, écrire des livres, encore que son père, quelques mois avant sa mort, projetât pour elle des rêves d'ENA, une manière pour lui de se dire que sa fille le rejoindrait un jour sur son terrain. Je ne crois pas que ça l'attirait beaucoup, d'ailleurs elle avait déjà pris le chemin d'une agrégation de lettres. » Une dernière fois, elle se retourne sur les jours sombres qui ont suivi la mort d'Angelo. Mère et fille étaient escortées par un chagrin immense qui les enserrait, et les tenait à distance. Chacune voulait épargner à l'autre sa douleur, se souvient Odette. C'était une grande générosité dans la tristesse et une manière de souffrir qui pouvait créer une nouvelle forme de chagrin dans l'isolement. On pense à Ray Bradbury, *La solitude est un cercueil de verre.* « C'était quelque chose d'indéfinissable, un sentiment inconnu. Je ne pourrais pas dire comment nous avons fonctionné à ce moment-là. Ça correspondait avec l'entrée d'Aurélie à Normale sup, à Fontenay, donc géographiquement nous étions plus éloignées. Rien ne nous aidait. » Ce furent des mois vides, bourrés de silence et de conversations atones. Elles n'y étaient plus, ni l'une ni l'autre, trop occupées à se protéger mutuellement, en tout cas à essayer, et à surmonter jour après jour le désarroi dans lequel elles risquaient de s'enfoncer. Parler d'Angelo était difficile, presque impossible, chacune vivait son deuil de son côté. Une manière de faire chagrin à part. Il a fallu longtemps pour que le malaise établi finisse par se dissiper. Ce qu'il n'était pas possible de remarquer pendant quelques mois a fini par apparaître : la beauté d'Odette, sa force, sa solidité dans toutes les épreuves méritaient bien ferveur et admiration. L'amour avait toujours été là, bien sûr. Dans le regard d'Aurélie, il se nourrissait désormais d'un autre trésor. Odette fait penser, par moments, à une rescapée. Sans aigreur, avec solidité, et une forme de résilience qui lui permet de profiter de toutes ces richesses offertes aujourd'hui et auxquelles, longtemps, elle n'a pas eu accès.

Concerts, pièces de théâtre, musées, lectures… Odette rattrape le temps perdu et ce fut un bonheur pour sa fille, lorsqu'elle était ministre de la Culture, de l'emmener aussi souvent que possible dans des manifestations culturelles. Festival d'Avignon, festival d'Aix-en-Provence, inauguration du Salon du livre de Paris. Odette prend le temps de vivre, de profiter de tout, pour commencer, de ceux qu'elle aime, de s'occuper de ses petits-enfants. Sa vie est aujourd'hui à la fois très calme, sereine et bien organisée. Elle se partage entre Paris, Aix-en-Provence et Nice, avec à chaque fois quelques bonheurs à retrouver. À Nice, elle a longtemps élu domicile quand elle a pris sa retraite. Elle était fragilisée, elle aussi. La douceur azuréenne lui va bien. Elle y retourne souvent pour de jolis séjours. À Aix-en-Provence, il y a ses deux fils et ses petits-enfants qui la réclament régulièrement. À Paris, il y a Aurélie, son unique fille, et ses deux enfants. Aurélie qui évoque les années en arrière : « Si je calculais tout ce que je n'aurais pas pu faire sans son aide ! » Clara a dix-huit ans aujourd'hui, sa grand-mère a toujours été présente, lorsqu'elle était plus jeune, s'occupant d'elle pendant les campagnes électorales d'Aurélie, par exemple. « C'était un vrai soulagement de savoir que si j'avais besoin de partir pour plusieurs déplacements, elle serait là. Elle n'habitait pas à Paris alors, mais elle s'arrangeait pour venir. » Aujourd'hui encore, Odette s'occupe beaucoup de sa petite-fille qu'elle accueille régulièrement dans son appartement du XIIIe arrondissement, entre deux cours ou pour un après-midi de révisions.

En septembre 2015, l'arrivée de Jeanne va à la fois bouleverser et souder un peu plus le couple qu'Aurélie forme avec Arnaud Montebourg. Née à six mois, l'enfant doit rester en couveuse et être prise en charge au service de néonatalogie de l'hôpital Robert-Debré. Viennent des jours effroyables, quand la vie peut basculer à tout moment. Plusieurs semaines s'écoulent avant que Jeanne atteigne enfin le poids espéré de deux kilos et qu'une nouvelle vie, loin de l'hôpital, commence. Pour elle, pour ses parents qui auraient pu sombrer. La résistance au mal l'a emporté. Aurélie, l'espoir et le soleil revenus, a voulu dire d'abord tous les moyens mis à la disposition de leur famille, à l'hôpital et en dehors, pour mieux souligner que, malheureusement, d'autres auraient eu moins de chance : « L'arrivée d'un prématuré dans la vie de ses parents est un phénomène impromptu. On se retrouve totalement démuni et de nombreux problèmes surgissent après la sortie de l'hôpital. Que l'on soit puissants ou misérables, nous ne sommes pas tous égaux face à cette situation. » Dans l'épreuve, Odette a retrouvé elle aussi son cœur de combattante pour mieux aider et soulager. Elle savait que sa fille n'avait pas besoin de compassion mais de cette force que seule sa mère saurait lui insuffler à coup sûr. Ainsi se resserrent un peu plus des liens dont on aurait juré quelque temps avant qu'ils ne pouvaient être plus forts. Depuis, Odette continue de s'occuper de sa « toute petite dernière » aussi souvent que nécessaire. Et c'est souvent mais ce n'est jamais assez.

Elle est fière de sa fille, des directions qu'elle a prises. Elle revendique ne lui avoir jamais beaucoup donné de conseils. La discrétion, toujours. Et une foi ardente en la valeur de l'exemple. Elle sourit encore, ajoute qu'elle lui donnerait plutôt des conseils culinaires. Aurélie aime bien cuisiner quand ce n'est pas inscrit dans les obligations du quotidien. En ce moment, elle est en contact avec la sœur de son père qui lui transmet des recettes italiennes. Précieux héritage. En amour, Aurélie ne s'est pas trop inspirée du couple parental. Plutôt des femmes de sa famille, si souvent, si longtemps seules. Elle aussi a été une femme seule, comme sa mère, sa grand-mère, ses tantes. Fatalité ? Il semble que les choses aient changé depuis quelques années. « En tout cas, dit Odette, je ne suis jamais intervenue dans ses choix ou ses relations amoureuses. » La discrétion à ce degré devient un art. Tout est paisible autour d'Odette, y compris quand elle dit son bonheur d'être la maman d'Aurélie, avouant sa fierté lorsqu'elle est devenue ministre de la Culture. Elle a aussi beaucoup pensé à Angelo, évidemment. Un autre événement l'a rendue au moins aussi fière, la démission d'Aurélie en 2014, parce qu'elle n'était plus en accord avec une politique qui reniait les promesses de 2012. « Le fait qu'elle renonce aussi aisément à cette position enivrante montrait que malgré tout – Normale sup, Paris, le ministère de la Culture, la célébrité et les privilèges –, elle n'avait pas changé. »

11.

Luisa et Manuel Valls

La journée de la mère

« Lorsque je pense à ma mère, la première chose qui me vienne à l'esprit, c'est le sentiment d'une présence. Elle a toujours été là. Tout le temps. Elle était jeune et belle, chaleureuse, attentive à nous. Et elle est restée tout cela. C'est important, mais la présence... quel privilège ! Nous avons grandi, ma sœur et moi, auprès de parents qui étaient toujours là, à la maison. Elle va avoir soixante-dix-neuf ans au mois d'août prochain mais le regard que je porte sur elle ne change pas[1]. » Il vient toujours de la petite enfance et en conserve l'éblouissement, c'est certain.

Le regard d'une mère, lui non plus, ne change jamais. L'homme qui déclare sa candidature à la présidentielle ce mercredi 7 décembre à Évry était quelques jours plus tôt Premier ministre de la France. Reste désormais un quinquagénaire ambitieux qui rêve d'un destin national depuis ses débuts en politique aux côtés de Michel Rocard. Ce n'est pourtant pas cet homme que regarde avec

1. Entretien réalisé à Paris, le 9 janvier 2017.

tendresse Luisa Valls. Celui qu'elle couve des yeux, dont elle boit les paroles fortes, c'est son « petit garçon en pantalons courts » qui a grandi au point de devenir un homme important, sans pour autant faire oublier dans le cœur de sa mère l'enfant qu'il fut. Luisa est si fière de son Manu, elle l'admire tant, « pour son intelligence, sa manière de parler, de voir les choses ». Ce fils aîné, c'est son héros. Elle ne le quitte pas des yeux. Comme pour mieux le protéger des vents mauvais de la campagne à venir, comme pour l'entourer de son amour maternel, si grand, si constant. Après son allocution, Manuel s'élance vers sa mère, la prend dans ses bras et l'embrasse longuement, tendrement. Lui, d'habitude si pudique se livre à une étonnante démonstration en public. Mais c'est sa mère. Il veut lui donner sa part de gloire, faire de ce jour sa journée.

Il lui doit beaucoup. Son parcours, ses valeurs, sa pugnacité. Et son optimisme. « Il tient ça de moi. Il a ma force aussi. Et mon côté combatif[1]. »

En se jetant dans les bras de Luisa, Manuel a voulu dire tout cela et en tout cas montrer à chacun ce qu'elle représente pour lui. Plus personne ne pourra s'y tromper. Luisa passe ses mains sur le visage de son « petit garçon ». Elle est belle et élégante, sa tenue est soignée, ses cheveux attachés d'un ruban sombre, ses boucles d'oreilles et son collier sont assortis. Mère et fils complices.

---

1. *Le Conquistador*, de Jacques Hennen et Gilles Verdez, Éditions du Moment, 2014.

Un bonheur partagé et immortalisé sur les réseaux sociaux par Giovanna, la sœur cadette de Manuel, présente elle aussi dans cette salle des fêtes surchauffée. À côté d'elle, Anne, la deuxième femme de Manuel. Ils se sont mariés en 2010. Ce jour de déclaration, elle n'est pas la célèbre violoniste Anne Gravoin qui donne des concerts à travers le monde, elle est l'épouse aimante et protectrice du nouveau candidat. Les trois femmes de sa vie réunies, Luisa, Giovanna et Anne. Elles croient en lui. « Tu es mon enfant, ce que tu fais est bien », lui a dit Luisa tant de fois. Elle vient de lui redire à quel point elle est éblouie par le chemin parcouru. Jamais elle n'a douté. Rarement elle a été déçue. Toujours elle a espéré le meilleur pour son aîné. Manuel a puisé sa force et sa confiance en lui dans la force que ses parents, en particulier Luisa, lui ont donnée.

Mère dévouée, entièrement consacrée à l'éducation de ses deux enfants, Luisa a toujours suivi avec une grande attention leur scolarité. Elle ne s'inquiète pas pour l'avenir de son fils malgré des années de collège et de lycée plutôt moyennes. À l'école, il était pourtant un élève modèle, travailleur et « gentil comme tout », mais ça n'a jamais suffi à lui assurer de très bons résultats. Il peine, Manuel, et passe beaucoup de temps à réviser, encore et toujours, réciter, corriger. Ça ne l'empêchera pas d'avoir une mauvaise note en français, au baccalauréat. « Pas parce que je ne maîtrisais pas le français mais à cause d'un hors sujet. » Il faut dire que Luisa, qui est toujours prête à aider son fils et à l'encourager, n'est pas très secondée par Xavier. Il n'a pas fait de grandes études, c'est le moins que l'on puisse dire, et en serait presque à s'en vanter devant son aîné... Lequel n'en espérait pas tant. « Moi, je ferai comme papa, pas besoin de faire des études ! » Quand il a un peu de temps libre, il se plonge dans ses lectures favorites, c'est un fan boulimique des aventures de Tintin ou d'Astérix le Gaulois et des œuvres de Jules Verne. Ça fait le bonheur de sa mère qui n'est pas loin de penser que le monde sera sauvé par les amoureux des livres. Luisa est une ancienne institutrice, ceci explique peut-être cela. Luisa aime à faire travailler Manuel, elle l'aide beaucoup, mais son grand bonheur est ailleurs, lorsqu'elle entame de longues conversations avec son fils autour de héros de fiction. Elle s'amuse souvent de sa fougue, il parle de Michel Strogoff, de Tintin ou d'Obélix exactement comme s'ils étaient de vraies personnes vivantes.

Régulièrement, Luisa donne des nouvelles de ses enfants à sa famille restée en Suisse italienne. Car Luisangela (son prénom complet) Galfetti est originaire du Tessin, un canton de langue italienne. Elle est institutrice, sortie de l'École normale. Elle exercera jusqu'à son départ définitif du pays natal, lorsque l'amour va l'emporter. Un amour en fait : Xavier Valls, un peintre né en Espagne, à Horta, dans la banlieue de Barcelone. Au début des années cinquante, il s'exile à Paris pour « fuir la chape de plomb culturelle du franquisme ». C'est alors qu'il rencontre Luisa dont il tombe amoureux fou. Au point de l'enlever pour pouvoir l'épouser ! La méthode est radicale mais efficace. Évidemment, il n'a pas forcé la jeune fille à le suivre, en revanche, il a vraiment forcé un destin qui ne lui souriait pas. D'emblée, la famille de Luisa s'est opposée à cette relation. Quant à parler d'union, il n'en était pas question. Xavier n'a pas le bon profil. Et deux inconvénients majeurs. Il a quinze ans de plus que Luisa, et c'est un artiste qui n'est pas très coté, manifestement sans grand avenir. « Tu n'épouseras jamais un peintre sans succès et sans argent », assène la mère de Luisa. La jeune fille refuse de s'incliner. Elle argumente longuement, avant de revendiquer en dernier ressort sa liberté de choix. Après tout, elle a l'âge légal pour pouvoir décider de son destin. Xavier donne le coup de pouce décisif : il remplit tous les documents nécessaires, fournit en mairie les actes adéquats et, avec l'accord de Luisa, le mariage est programmé, les bans publiés. Il aura donc lieu, et les parents de la mariée ne l'apprendront qu'au dernier moment. C'est ce que, chez les Valls, on appelle un enlèvement.

En tout cas, pour les futurs beaux-parents, c'en est un. Selon un proche : « Ils sont venus tout de même, mais dans une ambiance glaciale. Luisa devra payer elle-même sa robe de mariée. » L'hostilité durera longtemps. Jusqu'à la naissance de Manuel, en août 1962. Encore que l'enfant soit né à Barcelone, plutôt qu'à Paris où vivent ses parents. Ils étaient partis passer l'été en Catalogne, chez les parents de Xavier car ils n'avaient pas encore leur propre maison, en attendant la naissance. Manuel Carlo Valls Galfetti (en Espagne, le nom complet inclut le patronyme de la mère) est donc espagnol et ne peut recevoir la nationalité française, le pays d'adoption de ses parents. Ses grands-parents suisses voient cela d'un mauvais œil, ils soupçonnent chez Xavier une volonté d'entraîner leur fille vers l'Espagne. « Ce n'est pas exact, tempère Manuel, mes parents avaient l'habitude de passer les trois mois d'été en Catalogne, voilà tout. D'ailleurs, ma sœur, qui est née en décembre, a vu le jour à Paris. Encore que, à mon avis, il était important pour mon père que le premier enfant – ils ne savaient pas si ce serait un garçon ou une fille – naisse à Barcelone. Donc, c'est un hasard… mais pas tout à fait[1] ! » Le bébé, né à la clinique de La Ferroviaria, est chétif et pleure beaucoup. Il sera baptisé, son père y tient, car Xavier est croyant et pratiquant.

Au fil du temps, les relations avec les beaux-parents s'atténueront et ils accueilleront régulièrement leurs petits-enfants pour de longues vacances estivales. « Je suis beaucoup allé en Suisse quand j'étais gamin. J'aimais beaucoup les balades, les dîners dans les *grotti*, les petites chapelles le long des chemins de montagne, au milieu des chèvres, presque une "carte postale Heidi", côté italien. » Devenu père de famille à son tour, Manuel fera découvrir le Tessin à sa première femme et à leurs quatre enfants, Alice, Benjamin, Ugo, Joachim. « Cette région est toujours présente dans ma mémoire, comme une musique douce, agréable, familiale… » Les semaines d'été, le jeune Manuel a l'habitude également de les passer dans la maison catalane de son père à Barcelone.

1. Entretien réalisé le 9 janvier 2017.

De fin mai à fin septembre, les Valls quittent Paris, l'école et les camarades de Manuel et Giovanna, et viennent profiter du soleil et des bonheurs de la plage. « C'était une enfance heureuse, plus encore sans doute qu'on ne l'imagine sur le moment. Plus tard, on reconstruit l'histoire, sa vie et son adolescence. Reste aujourd'hui ce souvenir fort d'un vrai bonheur familial. »

Mère suisse italienne, père espagnol, né en Catalogne, il reçoit à sa naissance une triple culture qu'il portera en bandoulière tout au long de son adolescence. Vivant à Paris, le jeune garçon s'est toujours senti « à la fois espagnol et français ». Mais, « à seize ans, j'ai dû aller chercher ma carte de séjour valable pour deux ans et j'ai compris que je n'étais pas français. J'ai passé un entretien au commissariat du IVe arrondissement de Paris et dû répondre à des questions sur mes parents et sur ma vie personnelle. C'était assez proche d'un interrogatoire. C'est à ce moment, sans doute, que la question de la nationalité française s'est imposée à moi. » Manuel a été naturalisé en 1982, à vingt ans. Dix-huit mois de procédure, beaucoup de paperasse, de tracasseries, mais ça y est. C'est un beau jour et le jeune homme se gonfle de fierté. « Je suis, moi aussi, un Français de sang mêlé, qui ne renie rien de ses origines. » Pour ses parents, ce choix n'est pas une surprise. C'était plus que naturel, selon Luisa. Aux côtés de son mari, elle s'adresse à son fils qui s'interroge sur sa nationalité : « On sait que dans ton cœur, tu as des choses venues d'un autre pays, d'une autre culture. » De leur côté, ses parents n'ont pas demandé la nationalité française. « Je ne sais pas pourquoi Xavier ne l'a jamais fait, dit Luisa. Moi, je n'y ai pas pensé. Nous étions simplement heureux de vivre comme des Parisiens ! »

À la ville comme sur la scène politique, Manuel Valls aime les situations « carrées ». Il déteste le désordre. C'était le cas déjà petit garçon. Manuel a toujours très bien rangé ses affaires. Dans sa chambre au fond de la mezzanine de bois blanc, dans l'appartement familial rue de l'Hôtel-de-Ville dans le Marais à Paris, rien n'a jamais dépassé des tiroirs. Quel contraste avec la chambre attenante de sa sœur cadette Giovanna où règne régulièrement une sacrée pagaille ! « Chaque chose doit être à sa place », lui rappelle pourtant le garçon en soupirant. Sa rigueur n'a vraiment rien d'une légende… Luisa peut encore en témoigner. « Au cours de la nuit, il sortait du lit pour remettre ses chaussons bien en place à côté du lit, bien parallèles. Et si par malheur on dérangeait un de ses nombreux livres, dès son retour de l'école, Manuel voyait tout de suite qu'on y avait touché ! D'un coup d'œil, il pouvait même vous dire lequel des ouvrages avait été déplacé… » Luisa sourit à ce que l'on qualifierait de « rigidité extrême », physique et comportementale. Mais elle la nuance : « Il a toujours été très doux. » Comment en arrive-t-on alors à cette frénésie de l'ordre et cette dureté dans le regard bleu acier ? Manuel Valls les a bien héritées de quelqu'un ? Luisa suggère qu'elle est la conséquence d'une éducation stricte. Son mari en avait fixé les principes et, longtemps, les a appliqués. Obéissance, droiture, obstination et discrétion, répète le père de Manuel. Rares sont les louanges et les étreintes. Là encore, Manuel garde avant tout le souvenir d'une chance offerte : « C'était un cadeau assez exceptionnel que cette vie dans cet atelier, avec la présence permanente de mes parents. »

Artiste peintre, Xavier Valls a posé son chevalet dans le salon qui sert tout à la fois de bureau et d'atelier. « Il gagnait modestement sa vie, pendant longtemps, mais ça nous suffisait pour être heureux, entre l'appartement de Paris et la maison d'Espagne, où nous séjournions entre mai et septembre. À partir des années soixante-dix, il a commencé à vendre mieux ses œuvres, ce qui a amélioré les choses sur le plan matériel sans changer notre bonheur familial. » Sur les murs du salon-atelier, des tableaux par dizaines. C'est dans cette pièce que Xavier a fait poser sa femme enceinte et, quelques années plus tard, son fils Manuel, à l'âge de treize ans. Le tableau, *Le Portrait de Manuel,* n'a jamais quitté les bureaux du ministre de l'Intérieur et du Premier ministre. La toile en dit long sur le lien fondamental qui unissait le père et le fils. Pendant qu'il peint, la pipe à la bouche, Xavier impose le silence à tous. Chacun s'y plie. À commencer par Manuel qui observe en retrait depuis la fenêtre. Pas question de se risquer à contester les consignes paternelles. Ne pas s'approcher de la toile, ne pas toucher les pinceaux, ne pas jouer avec la peinture, ne pas déranger l'artiste… Le soir après l'école, le mercredi après-midi comme le samedi, Luisa et les enfants attendent d'avoir fait le tour du pâté de maisons pour retrouver l'appartement. Xavier a besoin de calme. La famille s'astreint à le lui accorder, par respect autant que par obligation. Quand il est préoccupé, que l'œuvre n'avance pas, il s'assied et converse avec Luisa. Elle l'apaise, le rassure. Elle a cessé de travailler à l'extérieur depuis son mariage, ce qui explique sa précieuse présence auprès de Xavier et des enfants. « Elle a été longtemps muse, épouse et mère. » Manuel a l'art des formules enchantées.

Il faudra qu'elle soit plus forte encore quand Xavier entrera en dépression – un enfer qui ne dit pas son nom – pour ne plus en sortir. Manuel est adolescent lorsque son père s'effondre. C'est pour lui un traumatisme. L'incident qui a déglingué ce père de famille, et déstabilisé les siens, prêterait presque à rire si les dommages causés n'étaient aussi dramatiques. À l'automne 1979, rentrant de leurs vacances en Espagne, les Valls ont la surprise de découvrir que leur immeuble de la rue de l'Hôtel-de-Ville a été vidé de ses locataires, tous expulsés par la Ville de Paris qui a décidé d'entamer des travaux pour le mettre en conformité avec les règles d'hygiène. Chaque porte d'appartement est scellée, sauf la leur. Lorsqu'ils pénètrent chez eux, c'est l'horreur : des souris ont envahi toutes les pièces ! Sauve-qui-peut ! Ils ont de toute façon trouvé un avis d'expulsion en bonne et due forme et ne peuvent pas rester dans les lieux. Si l'envie leur en prenait… C'est triste pour Luisa et les enfants car cet appartement représente beaucoup de bons souvenirs. C'est un drame pour Xavier qui reste abasourdi. Il ne peut peindre qu'ici, rue de l'Hôtel-de-Ville. Peu importent le cadre et la situation, c'est la lumière qui compte. Ici, elle est exceptionnelle. Jamais il ne retrouvera la même ailleurs. Assommé, comme sous l'effet de barbituriques, il ne réagit plus. Tout s'est arrêté. Impeccable de sang-froid et de détermination, Luisa relève la tête et prépare la riposte.

C'est le début d'un long combat de dix-huit mois pour obtenir de récupérer « leur » appartement. En même temps, elle organise la nouvelle vie de la famille, ailleurs dans Paris, gère toute seule ses deux adolescents et prend soin de Xavier dont l'état ne s'améliore pas. Mais Luisa est un roc, elle ne fléchit pas, c'est une femme debout. Après de multiples recours, la famille Valls obtient finalement de réintégrer l'appartement-atelier de la rue de l'Hôtel-de-Ville, remis en état. À la grande joie de Giovanna et Manuel. « Mon père, hélas, ne sortira jamais de cette dépression. » Les jours de pluie, Manuel et Giovanna ont l'interdiction de quitter leur chambre. Ils lisent, écrivent et... patientent. Au fil des années, la vie des Valls s'est organisée autour du travail de ce père que tous deux vénèrent. Ils lui pardonnent de ne pas être un père tout à fait comme les autres. Manuel le vouvoie, et l'appelle le Don, alors qu'il tutoie sa mère. « C'était une tradition dans la bourgeoisie catalane de la génération de Xavier, précise Luisa. Le fils vouvoyait ses parents. Xavier procédait ainsi avec son propre père. » À la maison, on parle catalan. Les loisirs, activités sportives et autres joies partagées avec les enfants ne sont pas au programme de Xavier. Pas de foot avec son fils, de balades à vélo, de cabanes en bois ou d'après-midi de cache-cache dans les parcs de Paris en famille. Il préfère enseigner la culture, la littérature, la peinture, « le goût de la discussion et de la liberté ». Il s'attarde longuement sur l'histoire de l'Espagne et de ses malheurs. L'enfance de Giovanna et Manuel « a été nourrie des récits terrifiants de leur père, qui leur raconte sans cesse les folies des anarchistes et les crimes des franquistes ». La fratrie écoute religieusement.

Des années durant, l'appartement parisien est devenu le théâtre de rencontres épiques où se côtoient des artistes en nombre. Musiciens, écrivains, peintres et acteurs défilent chez Luisa et Xavier. On chante, on rit, on refait le monde et on se dispute. Xavier hausse le ton, défend ses prises de position sur la politique, l'art et la société. Depuis la mezzanine, les deux enfants observent les scènes en riant de bon cœur. « Je me suis rendu compte plus tard du climat intellectuel et artistique dans lequel nous vivions. C'était une richesse incroyable. Les amis de mes parents étaient des intellectuels français, espagnols, sud-américains, américains… Directement ou indirectement, ils m'ont tous transmis quelque chose. » Giovanna et Manuel aiment partager des moments ensemble. Ils ont seize mois de différence. Tous deux se souviennent d'une enfance merveilleuse et normale, de parents aimants. « On n'avait pas la télé mais la radio, et, le soir, sur France Inter, on écoutait *Les Maîtres du mystère.* Ma mère nous lisait les romans de Dickens, mon père, des extraits de l'Évangile. » Autant le garçon est très sérieux, autant la fille est « une chipie toujours au bord du précipice », de l'aveu même de l'intéressée…

À quatre ans, Giovanna n'hésitait pas à rentrer dans les boutiques pour crier : « De Gaulle, assassin ! » Un slogan de manifestation entendu à la radio. À l'école, quand on lui a demandé la profession de son père, elle a répondu très sérieusement : « Il peint les fesses de ma mère ! » Les professeurs en resteront longtemps choqués. « Je voulais être Calamity Jane[1] ! » Après les premières années d'insouciance, s'ouvre une période plus dure, plus noire, plus triste. À dix-sept ans, Giovanna tombe amoureuse d'un homme de trente-trois ans qui la quitte brutalement huit mois plus tard. « J'étais jeune, innocente, c'était mon premier amour, ça m'a fracassée. » Alors que son frère grimpe doucement les échelons au Parti socialiste qu'il vient de rejoindre, sa sœur intègre une école de tourisme. « J'étais un peu rebelle, je me cherchais. » À vingt ans, lors d'une soirée chez des amis, elle touche à la drogue pour la première fois. Ce ne sera pas la dernière. « J'ai vu une ligne blanche, j'ai fait comme les autres. C'était de l'héroïne. D'emblée, j'ai été accro. » Après des mois seulement, Giovanna a fini par en parler à ses parents. Luisa et Xavier avaient bien vu depuis longtemps qu'elle n'allait pas bien. Ils ne savaient rien de la réalité. Ils imaginaient une mauvaise passe. « Ils n'étaient pas préparés à recevoir ce coup de poing dans la gueule. Mon frère non plus. » Sa déchéance

1. Interview dans *Elle*, le 4 mai 2015. Les citations suivantes de Giovanna proviennent de cette interview.

a commencé ainsi, entre cures, séjours à l'hôpital et en prison. Des années infernales. Séropositive, elle a vu sa santé se détruire. Dans ce chaos, elle entraîne sa famille qui ne sait plus comment réagir pour l'aider. Comment la sortir de cette impasse ? Durant ces années tristes, les parents ne l'ont jamais lâchée. Sa famille est unie et solidaire dans le combat à mener, Luisa extraordinaire de courage. Pour sa cure de désintoxication, Giovanna quitte Paris pour Barcelone. Les trois premiers jours de sevrage sont un cauchemar. « Je délirais, je ne me souviens de rien. Un matin, je me suis réveillée, mon père était à côté de moi. J'ai encore passé des jours au lit, dans tous les états, ma mère me préparait des bains chauds, en plein mois d'août, pour essayer de me calmer. » Quand elle effectue son troisième séjour en prison, c'est sa famille qui lui permet de se sauver. « Mon père est venu me voir, il avait quatre-vingts ans, il m'a dit qu'il m'aimait, qu'il me trouvait belle. Manuel est venu aussi, cet été de 2004, avec sa femme et ses enfants. Ma mère a toujours su m'insuffler sa force. Elle était magnifique. Rien que dans son regard, je retrouvais l'envie de vivre. Tous me disaient : on est là, on t'aime. »

Xavier n'est plus là pour veiller sur Giovanna. Elle a repris une route moins désenchantée, écrit un livre, appris à prendre soin d'elle et des siens aussi. Avec Luisa, elle a un magnifique modèle. Xavier n'a jamais quitté sa dépression, ou plutôt elle ne l'a jamais lâché. « Le paradoxe de cette famille à quatre, que nous formions, c'est qu'elle a longtemps été dominée par la figure du père, né avant guerre, marqué à vie par la guerre d'Espagne. Même s'il avait treize ans à l'époque et n'avait donc pas participé au conflit. Son histoire nous fascinait. Comment il avait vécu l'horreur, était venu en France chercher une autre vie, avait transformé la sienne grâce à l'art. » La personnalité de Xavier obsédait les siens, d'une certaine manière. Lui, mort, le regard a changé, presque imperceptiblement : « J'ai longtemps cru que je lui ressemblais plus qu'à ma mère, déclare Manuel. Aujourd'hui, je pense être un mélange des deux. De mon père, j'ai hérité le goût des débats, de la liberté de parole et d'action, en revanche ma force de caractère face aux épreuves vient de ma mère. Et puis, ma vision du couple parental s'est finalement rééquilibrée en faveur de ma mère. La force n'était sans doute pas du côté de mon père, contrairement à ce que nous avions toujours estimé. Le chaînon solide, indestructible, de notre famille, c'est ma mère. Et il en a toujours été ainsi. » Au-delà de son profil de chef de famille austère et respecté, Xavier portait en lui une fragilité qui aurait pu le détruire définitivement sans l'amour et la force de sa femme.

L'aurait-elle empêché de saluer l'ascension fulgurante de Manuel ? Emporté en trois mois par un cancer, il est décédé en 2006. On peut imaginer sa fierté de père après la nomination de son fils, place Beauvau puis à Matignon. Luisa, qui l'aimait et le connaissait mieux que personne, approuve : « Il aurait bien sûr été impressionné, il admirait tant son Manuel chéri. » Jusque dans l'amour éternel entre un père et un fils, elle fait vibrer une petite note qui étincelle. C'est une mère.

12.

Odette et Gilbert Collard

Une mère déchaînée

C'est une enfance marseillaise. Quand Gilbert raconte sa mère, il redevient le fils d'Odette, le ton monte, l'accent s'envole, et tout le monde écoute et rit aux larmes. Comme avant. « Les amis venaient dîner chez nous, juste pour assister au spectacle, c'était *Au théâtre ce soir* tous les soirs et tous les jours aussi[1]. » Cette mère déchaînée vivait partout comme sur une scène de théâtre, était aussi belle que Greta Garbo et plus explosive qu'Elvire Popesco. Les enfants, la vie de famille ? « Elle se serait fait tuer pour nous, à part ça nous étions son public et ses partenaires, le spectacle devait se poursuivre quoi qu'il arrive. Tout était amplifié, exagéré, j'ai grandi au cœur de la "Méditerranée sonore". » C'est amusant d'entendre résonner le Midi, la Provence, dans ce décor on ne peut plus parisien de l'Assemblée nationale. L'avocat Gilbert Collard, ténor du barreau et des grands procès médiatiques, s'efface depuis quelques années derrière le député du Ras-

1. Entretien réalisé à Paris, le 21 décembre 2016.

semblement Bleu Marine. Très vite, il revient à cette mère qui n'était certes pas la reine du silence, c'est le moins que l'on puisse dire. Et qui savait toujours quoi inventer pour qu'à son contact la vie prenne des couleurs hystériques. Quand Gilbert, à cinq ans, a failli mourir de la diphtérie, le spectacle a continué, d'une autre manière. Plus scientifique. Ce fut un ballet de médecins, elle en convoquait cinq ou six, appelait à la rescousse de grands professeurs, pour finir il a fallu se débattre avec plusieurs ordonnances différentes !

« Tout était démesuré, tout le temps. » Les repas étaient le point culminant, Odette parlait par-dessus tout le monde, avait toujours raison, sa voix dominait la scène et les débats. Le jeu quotidien consistait à voir qui parlerait le plus fort. Juste pour se faire entendre. Chacun essayait de faire valoir son point de vue mais c'était peine perdue, personne n'était d'accord, « et quand par malheur on était d'accord, on était désemparés ». « J'en ai gardé au moins une chose, on ne peut pas me faire taire ! J'étais entraîné dès l'âge de quatre ou cinq ans ! Plus tard, j'ai appris à parler moins fort, dans le bas médium, mais quand je me laisse aller… » Comme pour mieux achever son portrait, il précise qu'Odette était très marseillaise, « du reste elle avait l'accent qu'elle essayait de corriger ». Les moments les plus émouvants, elle les transformait aussi en comédie hilarante. « À chacun de ses enfants, elle avait offert *La Promesse de l'aube*, de Romain Gary. "Lisez ce livre ! Voilà comment il faut se comporter avec sa ère." Et pour la fête des Mères, elle nous achetait, pour qu'on lui offre, la chanson *Maman tu es la plus belle du monde...*, ou des petites cartes qui disaient la même chose. » Ils étaient quatre enfants, trois garçons – Gérald, Patrick, Gilbert – et une fille, la plus jeune, Jehanne, « qui a d'ailleurs été baptisée à Domrémy, ça ne s'invente pas. Oui, je sais, c'est fou, mais c'était comme ça ».

À côté de cette femme explosive, « qui a joué sa vie toute sa vie », il y avait un mari pondéré, discret, presque renfermé. Ce n'est rien de dire que Georges était tellement différent de sa femme. Originaire de l'Est, il était un père attentif bien qu'un peu distant. Sans commenter, il observait le spectacle permanent offert par sa femme et s'en amusait. « Il a ri toute sa vie. » Georges et Odette formaient un couple plus que solide, indestructible. « L'alliance des contraires. » Les résultats sont parfois étonnants, en l'occurrence, ce fut jusqu'au dernier jour le grand amour.

Un jour, la folie s'est interrompue, une autre vie a commencé, froide, sévère, sans éclat. Gilbert, qui n'était pas bien vieux, a été envoyé en internat chez les pères maristes à La Seyne-sur-Mer. À huit ans, il va franchir une porte qu'il ne refranchira définitivement que huit ans plus tard. Comment annonce-t-on cela à un enfant ? « Ça ne s'annonce pas, ça se dit : "Tu vas aller en pension, tes frères y sont." Ça se dit, ça ne se discute pas, et un triste dimanche matin, on est mis en voiture et conduit par la vieille route qui allait de Marseille à Toulon, une route de côte, toute sinueuse, jusqu'à La Seyne-sur-Mer. » La première grande image de sa vie, une immense porte, gigantesque, la porte de l'internat qui s'ouvre, dit-il, sur un grand trou noir dans lequel on tombe sans comprendre. Le reste de sa vie, lorsqu'il en parlera – rarement –, il affirmera avoir été « incarcéré » chez les maristes. Mis dans une trappe. L'enfant ne sait pas ce qui l'attend. Il sait qu'il va être orphelin pendant plusieurs semaines. Il garde en tête le souvenir de ce père mariste qui, le premier jour, l'a pris par la main pour le conduire au réfectoire. Déjà, il savait qu'il n'était plus qu'un numéro. Il avait des vêtements qui en portaient la trace, tous les vêtements étaient marqués d'un numéro. « J'ai eu le numéro 432. Pendant huit ans de ma vie, j'ai été le numéro 432. » D'un coup, il est confronté à un univers gigantesque qui n'est pas à la mesure de l'enfance, qui est un univers de normes, de lois, de discipline, d'enrégimentement, de marche au pas, de bras croisés, de couloirs interminables, de punitions, de récompenses, de promenades, le jeudi – parce que c'était alors le jeudi –, en rangs serrés, dans les rues de La Seyne, en uniforme bleu marine. À huit ans, il avait un uniforme d'officier de marine, casquette bleue, pantalon et vareuse bleus avec cape bleue et les ancres de marine. Et la boule à zéro toutes les semaines. Ce n'était pas il y a deux mille ans, c'était dans les années cinquante. « C'est un univers qui se trouve en dehors du monde de l'enfance, c'est un traumatisme historique, je n'ose pas dire affectif. »

On ne subit pas ce genre d'enfance sans que soient ouvertes des failles. Un déficit de présence chaleureuse, de confiance, et une trop grande propension à la solitude. Le lien affectif avec les parents, et surtout avec la mère, est coupé, du moins pour longtemps.

Et l'amour ne peut plus s'exprimer ailleurs que dans les livres. « Qu'aimer d'autre que les livres quand on n'a eu personne à aimer ? Est-ce qu'on peut aimer, entre huit et seize ans, l'impalpable et l'invisible ? Est-ce qu'on peut aimer dans la distance ? Est-ce qu'on peut aimer dans l'éloignement ? »

En a-t-il voulu à sa mère ? Oui bien sûr, et il lui en veut toujours. « C'est un abandon, en tous les cas c'est vécu comme tel par l'enfant. » Même si ça n'a jamais entamé l'amour qu'il portait à sa mère. « C'est une blessure qui ne se cicatrise jamais. Être orphelin quand on a des parents qui vivent, c'est dur. » Bien sûr, il y avait la tradition familiale – tous ses frères étaient allés à l'internat – à laquelle s'ajoutaient les difficultés qu'il posait par son comportement. Un psychologue avait dit à ses parents : « La seule solution, c'est de le mettre en pension, sinon, vous ne le tiendrez jamais. » « Il y avait deux autres options tant j'étais insoumis, c'était la maison de correction ou le Prytanée… ils ont choisi la pension. »

Après, il cherchera longtemps la certitude que sa mère l'aime, mais comment en être sûr ? On ne pouvait pas se fier à son comportement. À ses élans, ses effets. « C'était tellement théâtral qu'on ne savait jamais si elle était dans le registre de l'authentique ou du spectacle. » Odette pouvait aussi se montrer cruelle. « Un week-end, je suis collé, ce qui arrivait de temps en temps, mais là, j'ai appris plus tard qu'elle avait demandé que l'on me colle pour que je ne sois pas à la maison. Elle donnait une soirée et avait peur que je mette la pagaille ! Ça crée des liens… »

« Nous étions une famille spectaculaire. Très diversifiée. Quand j'évoque mon ascendance, ma généalogie, je dis souvent que je suis un homme métissé. J'ai le sentiment très fort, à la fois historique et mystique, d'être le produit d'un métissage tant culturel que géographique. Du côté de mon père – il faut toujours commencer par le père, puisqu'il est la loi et la mère la transgression de la loi –, j'appartiens à une tradition de juristes depuis le XVIIe siècle. Mon grand-père était saint-cyrien. Sur un plan intellectuel, mon père était de tradition maurrassienne. Il était camelot du roi. Et puis, d'un seul coup, quand la France a été occupée, il s'est inscrit au Parti communiste et s'est fait franc-maçon, ce qui, à l'époque, était assez dangereux. C'était vraiment braver deux interdits de Vichy. Puis il a quitté le Parti après la guerre, pour des tas de raisons, mais il est resté franc-maçon jusqu'à la fin de sa vie. J'ai donc été élevé dans cet étonnant balancement entre une pensée d'extrême droite, à laquelle mon père était resté fidèle quelque part, et une pensée d'extrême gauche, à laquelle il était resté fidèle aussi. » On le sent tenté de s'attarder sur son père, son destin contrasté de notaire privé de sa charge par le gouvernement de Vichy et rétabli dans ses droits par le général de Gaulle, après la fin de la guerre. Il se tourne quand même vers sa mère, ses origines, son étonnant pedigree. Elle était une héritière, issue de la grande bourgeoisie marseillaise, n'avait pas fait d'études, et n'a jamais travaillé. Odette descendait du Nabab qui fut à un moment l'homme le plus riche du monde. La famille avait aussi été propriétaire du canal de Suez… « Voilà ma mère ! C'était une grande bourgeoise coloniale qui m'a offert tout un aspect oriental, puisque, à travers elle, j'ai des origines libanaises, chrétiennes, maronites, ce qui est pour moi fondamental. Je suis aussi oriental et me revendique comme tel. D'ailleurs, en pleine guerre du Liban, j'ai demandé à prendre la nationalité libanaise. Ç'a m'a été refusé. »

Cette mère qui jouait à toutes les heures de sa vie mais pouvait se faire tuer pour protéger ses enfants était dans la fierté totale dès que l'on évoquait la réussite de son fils, « l'avocat ». Pas seulement de sa réussite, d'ailleurs. Depuis ses débuts, elle suivait ses affaires, elle l'accompagnait aux procès, assistait aux audiences. Ensuite, elle commentait, « trouvait que j'avais toujours raison ». Elle venait au cabinet. Là aussi, elle voulait diriger. Elle expliquait aux avocats comment faire leur travail. Certains n'appréciaient guère. L'outrance, toujours, une démesure exceptionnelle, y compris dans les moments les plus graves. À vingt-quatre ans, Gilbert est condamné à mort par l'association Charles Martel, une organisation occulte, extrémiste et raciste. À l'époque, il défendait Laïd Moussa, un jeune Nord-Africain, ouvrier sur un chantier, accusé d'avoir tué un camarade de chambre après une dispute. Le racisme anti-arabe était à son apogée, des ratonnades étaient organisées régulièrement. Gilbert obtient la libération de son client et, deux jours plus tard, reçoit une lettre anonyme : « Mort aux avocats qui défendent les Arabes. Mort aux Arabes. On tuera ton client et on te tuera. » Le soir même, il est empêché de se rendre à une petite fête pour célébrer la libération de Laïd Moussa.

Lequel est abattu froidement dans l'appartement par un tueur cagoulé qui cherche longuement du regard une autre cible avant de s'enfuir. Tout le monde a compris qu'il cherchait l'avocat de sa victime. Les jours suivants, celui-ci est mis sous protection policière renforcée. « Un midi, je vais déjeuner chez mes parents, l'inspecteur qui ne me quittait pas m'accompagne. Et là, ma mère l'accueille en lui disant : "Ah, monsieur ! Je suis très heureuse de vous voir… Je vous en prie, s'il le faut, faites-vous tuer pour mon fils !" » La mère méditerranéenne type. Un regret effleure ses souvenirs : « Quelle fierté si elle m'avait vu élu député en 2012 ! Et mon père ! Le jour de mon élection, c'est à eux que j'ai pensé. »

Il consent avoir été lui-même un excellent partenaire de cette commedia dell'arte qui s'est jouée pendant des années. « J'ai compris une chose très importante sur le narcissisme médiatique. Tous ceux qui se précipitent pour passer à la télévision, quitte à grappiller quelques secondes d'écran, veulent tous et avant tout plaire à leur mère. "Regarde-moi, maman, je suis là." C'est une quête éperdue de reconnaissance par celle qui nous a mis au monde. » Il n'a aucun mal à s'englober dans cette catégorie : « Je l'ai d'ailleurs écrit. » Et de citer de mémoire la dernière phrase d'un texte écrit peu après la mort de sa mère. Il a oublié le livre mais a retenu les mots : « Le rideau peut maintenant tomber, j'ai perdu ma seule spectatrice. » Nous essaierons de savoir quand a disparu Odette. Impossible. « J'ai occulté la date de sa mort comme celle de mon père. » « Ma mémoire n'est faite que d'oublis », écrivait Pascal Jardin.

13.

Andrée et Nicolas Sarkozy

Une enfance côté mère

Nicolas Sarkozy porte en lui depuis l'enfance des chagrins inconsolables. Il court après une certaine idée de l'amour, celui dont il a manqué, celui qu'il a reçu. L'amour qui lui a manqué, c'est celui de son père, Pál, ce n'est pas un secret. Celui qu'il a reçu, immuable, c'est celui de sa mère, Andrée, que tous ses proches appellent Dadue. Et puis, il y a celui qu'il donne, ou voudrait donner. Ce n'est pas toujours simple. Alors il essaie. Il a plutôt réussi avec ses enfants, malgré les séparations, les divorces. Avec « ses » femmes, rien n'a été facile. Il y a celle qu'il aime et celles qu'il a aimées. Ce n'est pas toujours facile d'arriver au bout de l'histoire. Avec Dadue, c'est différent, il ne doute pas. Elle est la femme de toute sa vie. La preuve que l'amour peut durer toujours. Ils ont tout vécu ensemble, le meilleur et le pire, blottis dans leur amour qui les protégeait du monde. Quand il avait huit, neuf, dix ans, Nicolas refusait de s'endormir tant que Dadue n'était pas rentrée de son travail. Ses frères, Guillaume, l'aîné, François, le benjamin, ricanaient. Eux n'étaient pas des bébés et n'attendaient pas le baiser de maman pour s'endormir ! Qu'importe, il ignorait les sarcasmes, tentait de faire le coup de poing à l'occasion. Mal lui en prenait, dans ces bagarres il n'avait jamais le dessus.

À la fin, il a quand même gagné une certaine tranquillité. Quand ses frères étaient partis de la maison depuis longtemps, il y habita jusqu'à son premier mariage avec Marie-Dominique. Il avait vingt-sept ans. Depuis, il n'est jamais séparé bien longtemps de sa mère. Lorsqu'il est trop loin pour venir la voir, il lui téléphone. Au moins trois fois par jour, c'est l'habitude depuis toujours. Il serait facile d'ironiser sur cet attachement exalté, qui serait la preuve que Nicolas ne peut se passer de Dadue. Ce n'est pas si simple. S'il aime passionnément sa mère, il est aussi porté par l'idée d'être toujours disponible lorsqu'elle a besoin de lui. L'idée de lui faire défaut l'insupporte. Il ne veut même pas y penser. Nicolas agit souvent comme s'il avait une dette envers Dadue, même s'il n'aime pas l'image et préfère parler d'une gratitude infinie. « Je lui dois plus que tout, elle m'a élevé dans tous les sens du terme. Et je me suis construit dans son regard[1]. » Il ajoutera plus tard que sa mère est son modèle, le seul qu'il ait eu, comme pour mieux dire la forme d'abandon dont il a été victime alors qu'il était encore dans la petite enfance. On ne se remet jamais tout à fait de ses premiers chagrins. Surtout, lorsqu'ils ne connaissent pas de fin.

---

1. Entretien réalisé à Paris, le 4 septembre 2012.

L'histoire était belle, d'abord. Née à l'orée des années cinquante quand Pál Sarkozy de Nagy-Bocsa, jeune Hongrois immigré, arrivé littéralement pieds nus à Paris, tombe amoureux d'Andrée Mallah, jeune fille de la bourgeoisie du XVIIe arrondissement. Andrée est la fille d'Adèle Bouvier et d'un chirurgien, Benedict Mallah, juif sépharade de Thessalonique (Empire ottoman). C'est d'abord l'amour fou entre les deux jeunes gens. Pál est si séduisant qu'il conquiert toute la famille. Benedict lui ouvre des portes et l'aide à trouver sa voie. De leur mariage naissent trois garçons, Guillaume en 1951, Nicolas en 1955 et François en 1959.

Après presque dix ans de mariage, le conte de fées s'arrête. Dadue et ses trois fils sortent de l'histoire. Décontenancé par la soudaineté de ce départ, Pál essaie de faire bonne figure. Il prend les torts à sa charge. On est noble ou on ne l'est pas, n'est-ce pas… « Mes infidélités ont tué mon mariage. Je laissais courir mes aventures comme si elles n'avaient jamais d'importance. Mille fois j'avais promis de me calmer, sans succès. Un jour, Dadue en a eu assez[1]. » Il n'y a pas de forfanterie dans la manière dont Pál Sarkozy raconte la fin de son mariage. Sans doute un peu trop de légèreté. D'ailleurs, lorsqu'il lui est suggéré que, peut-être, Nicolas en particulier a souffert de ce divorce, il rétorque avec un sourire crispé : « Et pourquoi moi je n'aurais pas eu le droit de divorcer ? Il a bien divorcé deux fois lui-même ! » C'est un point de vue. On était bien loin de tout

1. Entretien réalisé le 3 novembre 2016, à Neuilly-sur-Seine.

ça, au bout des années cinquante, lorsque Dadue, sa décision prise, retournait vivre chez son père, « emportant » ses trois enfants et tous les meubles. Il fallait un certain courage pour remettre en question sa vie dans ces temps qui n'étaient pas ouverts à une autre image de la femme et de son rôle dans la société. Dadue avait un avantage, son père, Benedict Mallah, médecin de renom, pouvait l'accueillir dans l'hôtel particulier du XVIIe arrondissement et subvenir à ses besoins si nécessaire. « Je ne me suis jamais défaussé de mes obligations, précise Pál, mais il est vrai que c'était assez important pour elle de pouvoir compter sur son père. »

Courageusement, elle va reprendre ses études de droit là où elle les avait abandonnées avant son mariage, puisque Pál ne voulait pas que sa femme travaille. La vie, incertaine, n'offrira pas beaucoup de perspectives réjouissantes dans les années suivantes. Une mère de famille divorcée ne peut pas s'attendre à vivre des moments passionnants en société. C'est encore tout un monde qui se montre rugueux avec ceux et surtout celles qui sortent du cadre. Dadue s'organise tant bien que mal, travaille jour et nuit pour rattraper son retard, achever ses études de droit et devenir avocate. À trente-cinq ans, plus qu'un rêve, c'est une nécessité. Pál verse une pension, c'est vrai, et Benedict est tout heureux de loger ses petits-enfants et leur mère. Il veille aussi à ce qu'ils ne manquent de rien mais elle veut plus. S'assumer pleinement. Une forme de liberté qui lui permettra d'élever ses enfants sans devoir rien à personne. Andrée Sarkozy trouve du travail dans le cabinet de Robert Farré, grâce à ses relations familiales. Elle rêve de pratiquer le droit pénal et de sauver la veuve et l'orphelin. Mais elle doit se contenter de gérer les petites affaires du cabinet : du civil et de petits contentieux devant le tribunal d'instance. Son fils choisira comme elle le droit, mais celui des affaires.

Devenue familière des procédures après quelques années, Andrée s'installe à son compte. Elle est inscrite au barreau des Hauts-de-Seine. Désormais, elle se spécialise dans l'immobilier et dans les adjudications judiciaires. Elle gagne ainsi beaucoup mieux sa vie et finit par s'imposer dans la nouvelle ville où la famille s'est installée : Neuilly. Bien plus tard, Nicolas y commencera sa carrière politique. C'est Nicolas qui, semble-t-il, souffre le plus de ce changement de vie. Le départ de son père ? « J'en ai été plutôt soulagé. Je ne doute pas qu'il ait un certain nombre de qualités, mais sans doute pas celles qui permettent à un homme de s'intéresser à de jeunes enfants. » Lorsqu'il évoque son père, Nicolas peut être dur, il parle de brutalité dans les rapports humains, d'abandon. On comprend à quel point il a souffert. Il est déjà pénible d'être séparé de son père. Si, en plus, ce départ vous procure une forme de soulagement, c'est encore plus douloureux. Il ne peut évoquer Pál que pour le mettre en perspective avec sa mère et son grand-père. Ils lui ont tout donné. La douceur, l'amour, un confort mental. Là où il ne lui a apporté que de la peine et du déséquilibre. C'est ainsi, on ne le changera pas, on ne changera pas cette vision, et pas plus celle de Pál. Depuis toujours, père et fils semblent s'observer mutuellement à partir d'un angle mort. Pourtant, Dadue a veillé à ce que les trois enfants ne perdent pas le contact avec leur père. Tous les mercredis, ils allaient dormir chez lui, et le dimanche il venait déjeuner rue Fortuny. Il était toujours merveilleusement reçu par Dadue et par ses beaux-parents. Il était tellement charmant. Personne ne lui en voulait de ce qui s'était passé. Enfin, presque personne. On connaissait les raisons de la séparation, à savoir les infidélités de Pál. Pour le reste, Dadue gardait de l'affection, voire de l'amour pour celui qui restait l'homme de sa vie. Aujourd'hui encore, Pál confie avec un certain brin de fierté qu'ils ont « longtemps continué de s'embrasser comme des amoureux et d'avoir des relations très tendres, au point que ni l'un ni l'autre nous n'avons voulu divorcer ». Quand ils s'y sont résolus, dix ans s'étaient écoulés. Et encore, il a fallu pour cela que Pál ait eu besoin de se remarier ! On imagine à quel point ces évocations rappellent des moments blessants pour Nicolas. Comme si le départ de son père ne concernait finalement que les enfants. Avec leur mère, rien n'avait changé. Étonnant écart entre les souvenirs pleins de légèreté de Pál et la mélancolie de Nicolas lorsqu'il évoque cette époque. C'est avant tout l'histoire d'un enfant malheureux qui a besoin de se construire avec un minimum de confiance, et n'en trouve pas. Il lui manque des choses que seul son père peut lui donner, alors que ce père est justement la personne dont il ne peut rien attendre. Dadue l'a compris.

Et elle va tenter, pendant toute cette enfance, de compenser. Elle se montre beaucoup plus attentive à Nicolas qu'à ses deux autres fils, non qu'elle délaisse Guillaume et François, loin de là. Mais elle a senti que son cadet a un énorme besoin d'elle.

Le petit garçon trouve aussi dans l'amour de son grand-père des joies profondes. Quand ils partent tous les deux, le week-end, prendre le métro pour aller farfouiller parmi les étalages du marché aux timbres, ce sont des moments inoubliables. Le calme de Benedict, sa sérénité, la gentillesse avec laquelle il s'adresse à son petit-fils, sont autant de consolations. Grandir dans l'immense hôtel particulier de la rue Fortuny est sans doute un privilège. Mais parfois pesant. Sa mère est absente toute la journée, ses frères ne sont pas ses meilleurs amis, peu de ses copains viennent le rejoindre pour jouer. Les grandes pièces sombres dans lesquelles règne peu de vie impressionnent tout le monde. Il y a beaucoup de silence et les éclats de rire sont rares.

La vie de Nicolas n'est pas beaucoup plus amusante lorsqu'il se retrouve au-dehors. Elle ne lui fait jamais de cadeaux. À l'école, ses difficultés sont nombreuses. C'est d'autant plus rageant qu'il rêve d'être le meilleur. Il voudrait être le premier chez lui par rapport à ses frères et en classe par rapport à ses copains. Il ne l'est jamais. Il se donne du mal pourtant, travaille dix fois plus que ses frères qui obtiennent de brillants résultats sans effort. Lui passe des heures à travailler et retravailler. À s'en rendre malade. « Et ce n'est pas une image, dit son père. Un jour, on m'a appelé de l'école pour venir le chercher, il venait de s'évanouir. Et c'était arrivé parce que la nuit précédente il avait tellement travaillé, presque sans dormir. Il était donc arrivé à l'école épuisé. » Nicolas fait des efforts démesurés, apprend, ne se souvient pas, réapprend encore jusqu'à ce que ça rentre. Émouvant combat d'un jeune garçon pour contrarier son destin. Ça fait sourire son père, lequel remarque qu'il est bien normal d'avoir finalement une bonne mémoire lorsqu'on s'est tant entraîné... Dans ce restaurant de l'île de la Jatte, à côté de Paris, nous le regardons manger ses pâtes tout en devisant gaiement sur quelques fêlures de sa vie. Il est sympathique et c'est un mystère. Son fils cadet ne lui inspire-t-il donc que de l'ironie ? Il est intelligent et a senti, c'est certain, la question, même si elle ne lui a pas été posée. Alors, il ajoute qu'il a fait tout ce qu'il pouvait pour ses enfants, « même si je sais que ce n'était pas assez. Mais je suis d'une autre époque, mon père m'a donné encore moins. Il n'était pas question de proximité entre père et fils ». Nous repensons alors au moment où nous sommes allés le chercher chez lui dans ce bel appartement envahi par les peintures et les sculptures dont il est l'auteur. Sur une petite table dans le salon, il y a une photo de lui et de Nicolas, c'était au mois de mai 2007, un moment plein vécu à deux. L'histoire est plus compliquée qu'on ne le croirait. Cet homme de quatre-vingt-neuf ans, fier et provocant, n'est pas tout à fait le cynique qu'il voudrait paraître.

Entre lui et Nicolas, ça ne s'arrangera sans doute jamais vraiment, mais il est rassurant de voir que le lien a pu exister, parfois. Même s'il a tant manqué à l'époque où se fabriquent, chez tous les enfants du monde, les plus beaux souvenirs d'enfance.

Dadue et Benedict sont là, c'est heureux, pour aider l'enfant à combattre l'adversité. Le grand-père, tendrement présent, remplace le père dans le cœur de Nicolas. Celui-ci l'avouera très franchement, quelques années plus tard, dans un livre autobiographique. Benedict, qui a eu du mal à obtenir la nationalité française[1], communique à son petit-fils l'amour de la France et du général de Gaulle. Le grand-père, devenu veuf, et le petit garçon triste passent ensemble des heures inoubliables. Parfois, ils semblent mêler leurs états mélancoliques pour qu'en ressorte quelque chose d'un peu plus joyeux. Quand Benedict meurt, en 1972, c'est un drame. Le chagrin de Nicolas est si violent que sa mère en oublierait presque le sien pour voler au secours de son fils. L'enfance est finie. Les larmes de l'adolescent sont rageuses et révoltées. On n'avait pas le droit de lui enlever son grand-père. Dès lors, la mélancolie ne cessera plus de l'entourer, quoi qu'il fasse, où qu'il soit. Quelles que soient ses joies. Pour faire mieux honneur à celui qui n'est plus là et qui lui avait donné toute sa confiance, il s'efforce d'en finir correctement avec ses études secondaires. Rien n'est facile mais il s'entête, s'accrochant tant qu'il peut. Il finira par passer un bac B en 1973, à

1. Elle lui avait été refusée une première fois en 1924. Benedict Mallah, arrivé en France à l'âge de quatorze ans, en 1905, est finalement devenu français par décision du ministère de la Justice.

dix-huit ans. Il peut ainsi s'inscrire en droit. L'idée est de devenir avocat. Le chemin est long, parsemé d'obstacles. Tout lui est difficile et il sait qu'il ne fera jamais Sciences-Po. Tant pis, il atteindra tout de même son objectif, à force d'efforts ininterrompus. « Dans la vie on ne m'a jamais rien donné », a-t-il l'habitude de dire, nous savons désormais pourquoi.

Les mois passent et les années, Nicolas ne s'éloigne jamais trop de Dadue. Il a besoin de sa présence, de sa voix, de la confiance que son regard lui insuffle. De plus en plus. Il lui est reconnaissant de la vie qu'elle lui offre, le calme, l'apaisement, la bienveillance, et cet amour qu'il sent fort et inébranlable. Il est entré en politique, commence à tracer son chemin. Il avance sans jamais reculer, prend l'habitude d'enfoncer des portes, « même quand elles sont ouvertes ». Nous savons où tout ça le mènera. Ce qui ne change rien à sa relation avec Dadue. Ou peut-être une chose. Parce qu'il mûrit et qu'elle est moins jeune, il la regarde autrement, avec moins d'égoïsme. De plus en plus souvent, il fait comme s'il était responsable d'elle, de son avenir. Il se dit qu'au fond, cette mère admirable a sacrifié sa vie pour élever ses enfants. Il en reparlera souvent dans l'avenir, parce que cette injustice continue de le déchirer. Il raconte avec émotion que Dadue n'a jamais refait sa vie, « elle ne m'a pas donné de beau-père ». C'est selon lui une preuve d'amour supplémentaire. Il en est fier mais se voile de tristesse lorsqu'il repense à cette période des années soixante, quand une femme seule mais mère de famille n'était pas toujours admise dans les cercles bourgeois. « Je me souviens qu'elle n'était pas invitée dans des dîners où elle aurait été immanquablement présente si elle avait toujours été mariée à mon père. Sans fracas, on pouvait l'écarter. » Ces petites injustices, ces blessures volontaires ou involontaires qui peuvent changer le regard d'un enfant, Nicolas les a tellement vécues, en a tant souffert, qu'il en parle encore comme si tout cela venait d'arriver. « Quand j'étais jeune, tout me blessait. » Une manière de dire la révolte qui s'était emparée de lui. La volonté farouche de briser les codes.

Sa vie, désormais, sera faite du désir violent de rendre justice à sa mère. Et comment lui rendre mieux justice qu'en criant son amour, en exprimant tout ce qu'il lui doit. Elle est son modèle, il le sait. « Tout ce que j'ai fait de bien dans ma vie, je le lui dois. Je me suis construit à partir d'elle. Elle a guidé ma vie depuis l'enfance. » Elle continue, parce qu'il ne souhaite pas qu'il en soit autrement. Dadue doit assister à ses grands meetings, au premier rang. Élu président, il lui a octroyé la place d'honneur à l'heure de son triomphe.

Lorsqu'il évoque la famille dont il est issu, il ne parle le plus souvent que de Dadue ou de son grand-père, et se fait émouvant. Parfois, il évoque son père, mais c'est toujours une façon de sous-entendre que certains souvenirs sont à oublier...

Dadue a quatre-vingt-onze ans, et n'est plus en très bonne santé. Pál s'inquiète. Il doit la voir dans quelques jours mais le déjeuner a déjà été reporté. L'an dernier, elle a été très malade et a même été hospitalisée. On l'avait trouvée sans connaissance dans son appartement. Elle s'est correctement remise, a pu assister à des meetings de la campagne de la primaire de Nicolas. Quand ils n'étaient pas trop éloignés de Paris. Elle est discrète, attentive, apaisante, veille à ce que sa famille tourne rond. Pál sait tous les efforts discrets qu'elle a longtemps faits pour garder vivante la relation entre père et fils, et au-delà. « Lorsque les enfants de Nicolas me téléphonent pour mon anniversaire, je me doute que c'est Dadue qui leur a passé le message. » Nicolas est toujours prêt à prendre la défense de sa mère, même si personne ne l'attaque – manière, au-delà de l'amour, de montrer sa gratitude. En revanche, cette mère-pélican qui se ferait dévorer pour ses enfants si cela pouvait les sauver n'aime pas qu'ils déforment leurs souvenirs d'enfance. Quand Nicolas racontait avec conviction qu'il avait financé une partie de ses études et acheté son premier vélo de course grâce à quelques petits boulots d'été, elle avait vite réagi : « Il a certes travaillé pendant ses vacances, mais pas pour se payer ses études. On s'en occupait. » Dadue est sans doute la seule personne qu'il ne contestera jamais. Il a grandi dans cet amour, s'en est fortifié, sans perdre de sa fragilité.

Aujourd'hui, Dadue continue de sublimer son fils cadet. Elle sait qu'il a besoin d'elle. Par tous les temps. De l'influence d'une mère exceptionnelle sur un fils préféré, ce pourrait être le titre de l'histoire d'amour entre Nicolas et sa mère. Longtemps il a voulu continuer avec d'autres femmes, et sous d'autres formes bien sûr, le lien magique. Il fallait qu'elles soient assez fortes pour entretenir sa confiance, assez généreuses pour lui donner l'amour qu'il réclame, assez sensibles pour recevoir le sien. Et ne s'effraient pas de ces halos de tristesse qui l'enveloppent parfois. Marie-Dominique, sa première femme, la maman de ses deux premiers fils, y est longtemps parvenue. Puis Cécilia. Aujourd'hui Carla. Avec chacune, il a retrouvé des lueurs de Dadue. Ce qui explique sans doute pourquoi, dans le regard des femmes qu'il aime, Nicolas redevient toujours un petit garçon. Il n'est rien de plus émouvant que de le voir chercher la main de sa compagne au beau milieu d'une cérémonie officielle. Un peu comme, il y a longtemps, il cherchait la main de sa mère pour se rassurer. Nicolas et Dadue, c'est une histoire d'amour qui ne finira pas. C'est aussi une histoire de souffrance et de manque, qui ne seront jamais effacés. L'amour d'une mère ne remplit pas tous les vides. Nicolas doit faire avec. Parfois, par excès, il casse ce qu'il aime. Alors, il recommence, chasse ses démons et court vers d'autres rêves. Tout ce qu'il veut, c'est quelqu'un qui sera encore là au bout de sa vie. Les hommes qui ont beaucoup souffert cherchent désespérément quelqu'un à aimer pour toujours.

Remerciements

Les hommes et les femmes politiques qui nous ont reçus n'ont pas tous la chance d'avoir encore leur mère près d'eux mais lorsque cela était possible, tout a été fait pour nous faciliter leurs rencontres. Nous remercions aussi Pál Sarkozy qui a, à sa manière, pallié la défection d'Andrée, maman de Nicolas Sarkozy. Il nous a semblé qu'il fendait – un peu – l'armure en replongeant dans ces années d'enfance. Son témoignage n'en est que plus émouvant.

Enfin, il est temps de lever un doute : les « héros » de ce livre n'ont pas été choisis parce que nous leur connaissions un rapport privilégié avec leur mère. Ou parce que l'influence maternelle sur le destin de l'enfant avait été capitale. Nous avons décidé de nous intéresser à eux en partant du principe qu'un rapport mère-enfant était à coup sûr passionnant, émouvant. Parfois déchirant. Nous savions d'avance, et sans rien en connaître, que l'histoire ne pouvait qu'être belle. Et nous sommes arrivés à cette conclusion qui aurait pu être le point de départ : on aime sa mère naturellement. Sans histoires. C'est le privilège partagé par tous. Alors, pourquoi d'autres n'ont-ils pas trouvé place dans cette galerie ?

Certains ont dit non, directement ou par l'intermédiaire de leur chargé de communication, ainsi Benoît Hamon, Olivier Besancenot, Philippe Poutou, Alain Juppé, Najat Vallaud-Belkacem, Cécile Duflot, Nathalie Arthaud, Valérie Pécresse, Ségolène Royal. Au vu de cette *short-list*, on s'étonnera moins de trouver dans ce livre une minorité de personnalités de gauche et de femmes. Ce n'est pas faute d'avoir essayé. Bien sûr, nous respectons leur choix. Pas celui d'Arnaud Montebourg, que nous avons commencé à contacter début juillet 2016, avec nombre de SMS et messages téléphoniques à l'appui. Sans réponse. À partir de septembre, ayant appris qu'il avait enfin un chargé de communication, c'est à celui-ci que nous nous sommes adressés. En vain. Il serait injuste à l'égard de tous ceux qui ont donné de leur temps, pris sur leurs occupations pour nous répondre, ou simplement pour exprimer un refus, de considérer comme normale cette façon de faire.

Heureusement, nous avons surtout à nous souvenir de très belles choses. Exprimer notre gratitude à chacun des politiques qui nous ont ouvert leur cœur et leurs souvenirs était la moindre des choses. Nous voulons aussi leur dire à quel point ils nous ont parfois émus. Il ne serait pas tout à fait juste de vouloir distinguer les uns des autres, nous nous souvenons tout de même que François Bayrou a été le premier à nous recevoir, avec une simplicité et une concentration magnifiques. Et que Manuel Valls a été le dernier, dans des conditions quelque peu rocambolesques. À un moment où il était déjà trop tard. Avec bienveillance, il a bousculé les codes pour nous offrir un peu de son temps, et nous permettre un rattrapage inespéré.

Ce livre essaie de montrer les femmes et les hommes politiques sous un autre jour, loin des querelles quotidiennes des partis et des idéologies. Le temps de chaque rencontre, nous avons oublié ce qu'ils représentent dans leur vie publique et il semble qu'ils l'aient oublié aussi. Parler de sa mère, c'est redécouvrir son enfance, la pureté de ses sentiments et renouer avec une sensibilité que l'on croyait envolée. François Truffaut dirait que c'est une joie et une souffrance. C'est surtout redevenir soi-même, enfin. Quoi qu'il arrive, ces treize-là, nous ne les regarderons plus jamais de la même façon.

Bibliographie

François Fillon, le secret et l'ambition, Christine Kelly, Éditions du Moment, 2007.

Le Pen, fille et père, Christiane Chombeau, Éditions du Panama, 2007.

Mélenchon le plébéien, Lilian Alemagna et Stéphane Alliès, Robert Laffont, 2012.

Le Choix de l'insoumission, Jean-Luc Mélenchon, entretien avec Marc Endeweld, Seuil, 2016.

Copé, l'homme pressé, Solenn de Royer et Frédéric Dumoulin, L'Archipel, 2006.

Le Sursaut français, Jean-François Copé, Stock, 2016.

France, lève-toi et marche, Nicolas Dupont-Aignan, Fayard, 2016.

L'Ambigu Monsieur Macron, Marc Endeweld, Flammarion, 2015.

Emmanuel Macron, le banquier qui voulait être roi, François-Xavier Bourmaud, L'Archipel, 2016.

Révolution, Emmanuel Macron, XO, 2016.

Les politiques aussi ont une mère

Emmanuel Macron, la stratégie du météore, Pierre Hurel, reportage sur France 3.

Et si l'on parlait d'elle ? Bernard Debré, Éditions du Rocher, 2007.

Un homme d'action, de l'hôpital à la politique, Bernard Debré, Stock, 2015.

Les Derniers Jours de la classe ouvrière, Aurélie Filippetti, Stock, 2003.

Manuel Valls, les secrets d'un destin, Gilles Verdez et Jacques Hennen, Éditions du Moment, 2103.

J'irai plaider sur vos tombes, Gilbert Collard, entretiens avec Bernard Pascuito, Michel Lafon, 1993.

Sarkozy et les femmes, un homme sous influence, Caroline Derrien et Candice Nedelec, Jean-Claude Gawsewitch éditeur, 2008.

Tant de vie, Pál Sarkozy, avec Frédérique Drouin, Plon, 2010.

Jamais sans elles, Patrice Duhamel et Jacques Santamaria, Plon, 2015.

Même les politiques ont un père, Émilie Lanez, Stock, 2015.

Table

DES MÊMES AUTEURS

Bernard Pascuito

Football, la mauvaise passe, First Document, 2016.

Vies privées : Daniel Angeli, 40 ans de photographies, Gründ, 2015.

Sempé, le rêve dessiné, À dos d'âne, 2014.

Morts étranges 2, L'Archipel, 2012.

Annie Girardot, une vie dérangée, Flammarion, 2011.

Morts étranges, L'Archipel, 2010 ; Archipoche, 2011.

Ces maladies créées par l'homme, avec Dominique Belpomme, Albin Michel, 2004.

La Double Mort de Romy, Albin Michel, 2002 ; *Les Deux Vies de Romy Schneider*, Pocket 2012.

Mouna Ayoub, l'autre vérité, Presses du Châtelet, 2001.

Je dis tout : les secrets de l'OM sous Tapie, avec Jean-Pierre Bernès, Albin Michel, 1995.

J'irai plaider sur vos tombes, entretiens avec Gilbert Collard, Michel Lafon, 1993.

Coluche, le livre du souvenir, Sand, 1993 ; réédition augmentée Payot, 2006 ; Archipoche, 2015.

Montand, le livre du souvenir, Sand, 1992 ; J'ai Lu, 2011.

Gainsbourg, le livre du souvenir, Sand, 1991 ; réédition 2006.

McEnroe, champion rebelle, Calmann-Lévy, 1981.

Olivier Biscaye

Ennemis de trente ans, avec Anita Hausser, Éditions du Moment, 2016.

Bruno Le Maire l'insoumis, Éditions du Moment, 2015.

Composition : Nord Compo
Impression : CPI Bussière en février 2017
Éditions Albin Michel
22, rue Huyghens, 75014 Paris
www.albin-michel.fr
ISBN : 978-2-226-39605-1
N° d'édition : 22528/01 – N° d'impression : 2024842
Dépôt légal : mars 2017
Imprimé en France